分子生物学基本技术实验指导

陈 庄 邓存良 吴 刚 主编

科学出版社
北 京

内 容 简 介

本书共24个实验，分别介绍了组织或细胞总RNA制备和反转录、聚合酶链反应、实时荧光定量PCR、质粒重组与鉴定、淋巴细胞的分离等基因克隆技术，以及将所克隆基因进行转染后的蛋白质表达和转染细胞功能的检测等目前在生物医学研究中比较常用的实验方法。

本书主要供本科高年级及研究生学习使用，以强调分子生物学技术的应用性，同时也可作为青年科技工作者进行科研工作的参考书。

图书在版编目(CIP)数据

分子生物学基本技术实验指导/陈庄，邓存良，吴刚主编. —北京：科学出版社，2015.9

ISBN 978-7-03-045715-8

Ⅰ.①分… Ⅱ.①陈… ②邓… ③吴… Ⅲ.①分子生物学–实验–高等学校–教学参考资料 Ⅳ.①Q7-33

中国版本图书馆CIP数据核字（2015）第222473号

责任编辑：刘　畅 / 责任校对：郑君红
责任印制：徐晓晨 / 封面设计：迷底书装

科 学 出 版 社 出版
北京东黄城根北街16号
邮政编码：100717
http://www.sciencep.com

北京虎彩文化传播有限公司　印刷
科学出版社发行　各地新华书店经销
*

2015年9月第 一 版　开本：720×1000 1/16
2021年3月第五次印刷　印张：7 5/8
字数：145 000
定价：29.00元
（如有印装质量问题，我社负责调换）

《分子生物学基本技术实验指导》编辑委员会

主　　编 陈　庄　邓存良　吴　刚
其他编者（以姓氏笔画为序）
　　　　　王晓燕　卞铁荣　龙　洋　史小玲　李　燕
　　　　　杨向东　杨颖丞　吴　剑　何雪梅　宋雪琴
　　　　　陈　枫　唐　利　唐小平　曹　勇

前　言

分子生物学（molecular biology）是研究核酸、蛋白质等生物大分子的结构和功能特征及其规律性，进而从分子水平阐述生命本质的一门学科；是人类从分子水平上真正揭开生物世界的奥秘，由被动地适应自然界转向主动地改造自然界的基础学科。时至今日，分子生物学已经成为生命科学中最活跃的前沿学科之一。因为只有用分子手段才能研究和解答生命科学每个分支中的根本问题，使人类掌握主动改造自然界的利剑，迎来生物医学研究的新时代。所以，无论是正处于医科学习阶段的学生，还是已翱翔在医学领域的广大医学工作者，对这一技术的领略或融会贯通已是势在必行。

分子生物学是一门理论性很强的学科，也是一门实践性很强的学科。为了突出其应用性，我们根据多年研究生教学经验，本书选用了包括组织或细胞总 RNA 制备和反转录、聚合酶链反应、实时荧光定量 PCR、质粒重组与鉴定、淋巴细胞的分离等基因克隆技术，以及将所克隆基因进行转染后的蛋白质表达和转染细胞功能检测等目前在生物医学研究中比较常用的实验方法，为广大科研工作者了解生物医学基本技术的常用实验方法提供参考。

由于编者水平有限，时间仓促，内容覆盖不够全面，且难免有不足之处，真诚希望大家提出宝贵的意见和建议。

编　者

2015 年 7 月

目 录

前言

实验一　组织或细胞总 RNA 制备和反转录 ···1
实验二　核酸分子的定量 ··10
实验三　聚合酶链反应 ···12
实验四　实时荧光定量 PCR ···18
实验五　琼脂糖凝胶电泳 ··21
实验六　胶回收法纯化 DNA ··25
实验七　氯化钙法制备大肠杆菌感受态细胞 ···29
实验八　质粒重组、转化、筛选和鉴定 ··32
实验九　碱裂解法小量提取质粒 DNA ···37
实验十　质粒 DNA 限制性内切酶实验 ···42
实验十一　原核细胞中外源基因的表达和初步纯化 ··································46
实验十二　十二烷基硫酸钠-聚丙烯酰胺凝胶电泳（SDS-PAGE）···········52
实验十三　真核细胞中外源基因的表达 ··55
实验十四　免疫印迹（Western blot）··58
实验十五　细胞增殖检测 ··61
实验十六　肿瘤细胞侵袭转移实验 ··65
实验十七　免疫共沉淀实验 ··68
实验十八　酶联免疫吸附实验 ··72
实验十九　激光扫描共聚焦显微技术 ··75
实验二十　焦磷酸测序技术 ··87
实验二十一　淋巴细胞的分离 ··91
实验二十二　流式细胞实验技术（FCM）···95
实验二十三　免疫组织化学技术 ··107
实验二十四　TUNEL 法检测细胞凋亡 ··111
主要参考文献 ··114

实验一　组织或细胞总 RNA 制备和反转录

一、实验目的

1. 掌握制备细胞或组织总 RNA 的原理和方法。
2. 掌握 RNA 反转录为 cDNA 的原理和方法。

二、实验原理

总 RNA 提取试剂盒可从各种细胞或组织中快速提取总 RNA，可同时处理大量不同样品。裂解液中的主要成分为异硫氰酸胍和苯酚，其中异硫氰酸胍可裂解细胞，促使核蛋白体解离，使 RNA 与蛋白质分离，并将 RNA 释放到溶液中。当加入氯仿时，它可抽提酸性的苯酚，而酸性苯酚可促使 RNA 进入水相，离心后可形成水相层、中间层和有机层（下层），这样 RNA 与仍留在有机相中的蛋白质和 DNA 分离开。水相层（无色）主要为 RNA，有机层（黄色）主要为 DNA 和蛋白质。整个操作可在 1h 内完成，提取的总 RNA 没有 DNA 和蛋白质的污染，可用于 Northern blot、Dot blot、polyA 筛选、体外翻译、RNase 保护分析和分子克隆。

三、材料、试剂与仪器

1. 材料

新鲜全血。

2. 试剂

总 RNA 提取试剂盒（表 1-1）、氯仿、RNA-free ddH$_2$O、反转录试剂盒（表 1-2）。

表 1-1　总 RNA 提取试剂盒内容

制品内容（50 次量）	体积（数量）
裂解液 RZ	60ml
去蛋白液 RD	12ml
漂洗液 RW	15ml

续表

制品内容（50 次量）	体积（数量）
RNase-free ddH$_2$O	15ml
RNase-free 吸附柱 CR3	50 个
RNase-free 离心管（1.5ml）	50 个
RNase-free 收集管（2ml）	50 个

表 1-2　反转录试剂盒内容

制品内容（100 次量）	体积（数量）
AWV Reverse Transcriptase×L（5U/μl） （Avian Myeloblasrosis Virus 来源）	50μl
RNase Inhibior（40U/μl）	25μl
Random 9 mers（50μmol/L）	50μl
Oligo dT-Adaptor Primer（2.5μmol/L）	50μl
RNase-free dH$_2$O	1ml
TaKaRa Ex *Taq* HS（5U/μl）	40μl
M13 Primer M4（20μmol/L）	50μl
10×RT Buffer	1ml
5×Buffer	1ml
dNTP Mixture（各 10mmol/L）	150μl
MgCl$_2$（25mmol/L）	1ml
Control R-1 Primer（20μmol/L） （Positive Control RNA 下游引物）	25μl
Control F-1 Primer（20μmol/L） （Positive Control RNA 上游引物）	25μl
Positive Control RNA（2×10^{5}coples/μl） （Transcribed poly A$^+$ RNA of pSPTet3 plasmid）	25μl
储藏温度	−20℃

Random 9 mers、Oligo dT-Adaptor Primer 或特异性下游引物等均可作为反转录引物用于 cDNA 合成（表 1-3）。对于不具有 Hairpin 构造的短链 mRNA，3 种引物中任何一种都可以使用，但一般按表 1-4 所示方法进行选择。

表 1-3　反转录引物序列

引物名称	各引物序列
Random 9 mers	5′(P)-NNNNNNNNN-3′
Oligo dT-Adaptor Primer	包含 dT 区域及 M13 Primer M4 序列

续表

引物名称	各引物序列
Control F-1 Primer	5′-CTGCTCGCTTCGCTACTTGGA-3′
Control R-1 Primer	5′-CGGCACCTGTCCTACGAGTTG-3′
M13 Primer M4	5′-GTTTTCCCAGTCACGAC-3′

表1-4　反转录引物的选择

引物	适用情况
Random 9 mers	适用于长的或具有Hairpin构造的RNA，包括rRNA、mRNA、tRNA等在内的所有RNA的反转录反应都可使用本引物。用Random 9 mers合成的cDNA进行PCR反应时，必须使用特异性引物
Oligo dT-Adaptor Primer	适用于具有poly(A)⁺尾的RNA[注意：原核生物的RNA、真核生物的rRNA和tRNA及某些种类的真核生物的mRNA不具有poly(A)⁺尾]。本Primer设计巧妙，反转录效率高。反转录反应后，可用M13 Primer M4进行3′-RACE实验
特异性下游引物（PCR时的下游引物）	因其必须与模板序列互补，所以只适用于目的序列已知的情况

阳性对照（positive control）RNA：反转录试剂盒中的阳性对照（图1-1）是以pSPTet3质粒（质粒中的SP6启动子下游插入长约1.4kb的pBR322来源的DNA片段，其DNA片段上含有抗四环素基因）为模板由SP6 RNA聚合酶经体外转录而得到的。control RNA（约1.4kb）是带有30个A碱基的具有Poly（A）⁺尾的RNA。当把control RNA经RT-PCR合成的双链cDNA插入质粒时，该质粒便可获得四环素抗性。

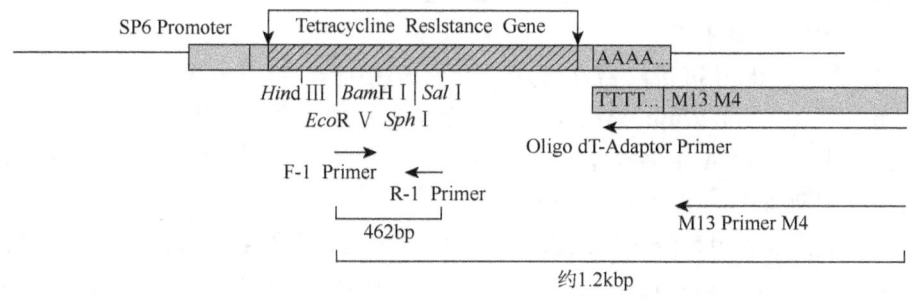

图1-1　阳性对照简图

3. 仪器

低温台式高速离心机、低温冰箱、紫外检测仪、电泳仪、电泳槽、微量移液器、微量移液器吸头等。

四、实验步骤

（一）总 RNA 提取

第一次使用前应在去蛋白液 RD、漂洗液 RW 中加入无水乙醇，加入量请参见瓶上标签。

（1）样品处理如下。

1）组织：将组织在液氮中磨碎。每 50～100mg 组织加 1ml 裂解液 RZ，用匀浆仪进行匀浆处理。样品体积应不超过裂解液 RZ 体积的 1/10。

2）单层培养细胞：直接在培养板中加入裂解液 RZ 裂解细胞，每 $10cm^2$ 面积加 1ml 裂解液 RZ。用移液器吹打几次。

注意：裂解液 RZ 的加入量根据培养瓶面积决定，不是由细胞数决定。如果加入量不足，可能导致提取的 RNA 中有 DNA 污染。

3）细胞悬液：离心取细胞，弃上清。每 $5×10^6$～$10×10^6$ 动物细胞或植物细胞加 1ml 裂解液 RZ。加裂解液 RZ 前不要洗涤细胞，以免降解 mRNA。

4）血液：直接取新鲜血液，加入 3 倍体积的裂解液 RZ（推荐 0.25ml 血液＋0.75ml 裂解液 RZ），充分振荡混匀。

（2）将匀浆样品在 15～30℃放置 5min，使得核蛋白体完全分离。

（3）可选步骤：4℃，12 000r/min 离心 5min，取上清，转入一个新的无 RNase 的离心管中。

注意：如果样品中含有较多蛋白质、脂肪、多糖或肌肉、植物结节部分等，可加此步骤离心去除。离心得到的沉淀中包括细胞外膜、多糖、高分子量 DNA，RNA 存在于上清溶液中。

（4）加入 200μl 氯仿，盖好管盖，剧烈振荡 15s，室温放置 3min。

（5）4℃，12 000r/min 离心 10min，样品会分成 3 层：黄色的有机相，中间层和无色的水相，RNA 主要在水相中，水相的体积约为所用裂解液 RZ 的 50%。把水相转移到新管中，进行下一步操作。

（6）缓慢加入 0.5 倍体积无水乙醇，混匀（此时可能会出现沉淀）。将得到的溶液和沉淀一起转入吸附柱 CR3 中，4℃，12 000r/min 离心 30s，若一次不能将全部溶液和混合物加入吸附柱 CR3，可分两次转入，再 4℃，12 000r/min 离心 30s，弃掉收集管中的废液。

（7）向吸附柱 CR3 中加入 500μl 去蛋白液 RD（使用前请先检查是否已加入乙醇），4℃，12 000r/min 离心 30s，弃废液。

（8）向吸附柱 CR3 中加入 700μl 漂洗液 RW（使用前请先检查是否已加入乙

醇），室温静置 2min，4℃，12 000r/min 离心 30s，弃废液。

（9）向吸附柱 CR3 中加入 500μl 漂洗液 RW，室温静置 2min，4℃，12 000r/min 离心 30s，去除残余液体。

（10）将吸附柱放入 2ml 收集管中，4℃，12 000r/min 离心 2min，去除残余液体（注意：此步骤目的是将吸附柱中残余的漂洗液去除，离心后将吸附柱 CR3 在室温放置片刻，或置于超净工作台上通风片刻，以充分晾干。如果有漂洗液残留，可能会影响后续的反转录等实验操作）。

（11）将吸附柱 CR3 转入一个新的离心管中，加 30~100μl RNase-free ddH$_2$O，室温放置 2min，4℃，12 000r/min 离心 2min。洗脱缓冲液体积应不少于 30μl，体积过小影响回收效率。且 RNA 应保存在-70℃，以防降解。

注意：如果想提高 RNA 得率，可重复上步操作一次，合并两次得到的溶液。

（二）反转录

合成的 cDNA 引物可结合实际情况从 Oligo dT-Adaptor Primer、Random 9 mers 或特异性下游引物中任选一种。

（1）按表 1-5 配制反转录反应液。

表 1-5 反转录反应液组成

试剂	体积/μl
MgCl$_2$	2.00
10×RT Buffer	1.00
RNase-free dH$_2$O	3.75
dNTP Mixture（各 10mmol/L）	1.00
RNase Inhibitor	0.25
AMV Reverse Transcriptase（反转录酶）	0.50
Random 9 mers 或 Oligo dT-Adaptor Primer（常用）或特异性下游引物	0.50
实验样品 RNA（≤500ng Total RNA）	1.00
合计	10.00

（2）按以下条件进行反转录反应。

（30℃　　10min）*
42~55℃　15~30min
99℃　　5min
5℃　　5min
} 1个循环

＊使用 Random 9 mers 进行反转录时，首先在 30℃下保温 10min，使 Random 9 mers 延伸达到足够长度，以便在 42～55℃退火时与模板 RNA 充分结合。

五、RNA 质量的判断

（一）完整性判断

通常使用琼脂糖凝胶电泳判断 RNA 的完整性。理论上，完整的 RNA 拥有 28S：18S=2.6：1 左右的比例（即相对分子质量之比）。由于大分子 rRNA 的二级及三级结构程度更高。较小分子的 rRNA 更容易降解，再加上 RNA 电泳受许多因素影响，包括电泳条件、上样量、被 EB 饱和的程度等，因此准确评估 28S：18S 并不容易。另外，来自不同器官组织，在确定其 mRNA 没有降解的前提下，其比例也有区别（如肝和肺的比例较低）。可以说，2：1 是高质量的标准，但低于 2：1 并不就是质量低。一般的，如果 28S 和 18S 条带清晰，且 28S：18S＞1，该完整性就可以满足绝大部分后续实验。如图 1-2 所示。

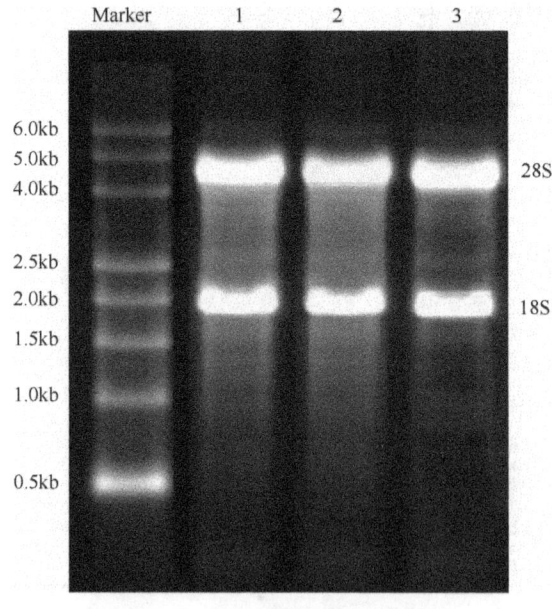

图 1-2 1%琼脂糖 RNA 电泳图
1～3. RNA 样品，28S：18S=2.6：1

（二）纯度的判断

260nm、320nm、230nm、280nm 下的吸光度分别代表了核酸、背景（溶液浑浊度）、盐浓度和蛋白质等有机物的吸光度。OD_{260}/OD_{280}（R）体现了 RNA 中的蛋白质等有机物的污染程度，质量较好的 RNA 的 R 值应为 1.8～2.0，当 $R<1.8$ 时，溶液中的蛋白质等有机物的污染比较明显；当 $R>2.2$ 时，说明 RNA 已经被水解成了单核苷酸。

六、常见问题及解决方法

（一）RNA 提取实验前的准备

RNA 制备的关键是要抑制细胞中的 RNA 分解酶和防止所用器具及试剂中的 RNA 分解酶的污染。因此，在实验中必须采取以下措施。

（1）应经常更换手套，在操作过程中避免讲话等，防止实验者的汗液、唾液中的 RNA 分解酶（RNase）污染标本。

（2）使用 RNA 操作专用实验台、无 RNase 的塑料制品和枪头，避免交叉污染。

（3）RNA 在裂解液 RZ 中不会被 RNase 降解，但在提取后的继续处理过程中应使用不含 RNase 的塑料或玻璃器皿。

（4）配制溶液应使用无 RNase 的水。

（5）尽量使用一次性塑料器皿，若用玻璃器皿，须干热灭菌（180℃，60min）或使用 0.1% DEPC（焦碳酸二乙酯）水溶液在 37℃下处理 12h 后，在 120℃下高压灭菌 30min 以除去残留的 DEPC。

（二）组织或细胞中 RNA 提取量

一般情况下，组织或细胞中所能提取的 RNA 量如表 1-6 所示。

表 1-6　组织或细胞中的 RNA 提取量

组织材料	起始样品量	总 RNA 提取量
血	1ml	15～20μg
白细胞	1×10^7 个	约 100μg
肝	1g	约 5000μg
HL-60 培养细胞	1×10^7 个	约 100μg
烟草叶片	1g	约 1000μg
肾	1g	约 3000μg
骨骼肌	1g	约 1500μg
脑	1g	约 1500μg

（三）RNA 提取量较低怎么办？

（1）向组织材料中加入裂解液 RZ 后，请充分研磨匀浆使其充分裂解。
（2）分离后请尽量完全回收上清液。

（四）OD_{260}/OD_{280}＜1.65 的原因？

（1）样品裂解时加入的裂解液 RZ 量偏少，造成蛋白质变性不充分，可以再次对 RNA 溶液进行苯酚/氯仿抽提，以除去蛋白质。
（2）含有裂解液 RZ 的样品经匀浆混匀后未在室温静置，或静置时间不足 5min。
（3）相分层后，吸取上清液时不小心接触蛋白质层造成污染。

（五）提取的 RNA 发生降解，为什么？

（1）使用的组织材料不够新鲜。提取 RNA 的组织材料应采用新鲜的组织材料，或将新鲜的组织材料用液氮迅速冷冻后置于-80℃保存。
（2）提取 RNA 时使用的试剂及器材中有 RNA 分解酶。
（3）提取的组织材料中含有大量的 RNA 分解酶，而裂解液 RZ 的添加量不够。

（六）提取的 RNA 中含有 DNA 污染的原因

（1）裂解组织或细胞使用的裂解液 RZ 量偏少。
（2）使用的组织材料中含有大量的有机溶剂（如乙醇、异丙醇等）、高浓度的 Buffer、碱性溶剂等。
（3）如果提取的 RNA 中含有 DNA 时，可以使用 DNase（RNase free）I 进行 DNA 消化。

（七）反应温度的控制

AMV 由来的反转录酶，即使在 55℃下也能进行反转录反应。但在反转录长链 RNA（＞2kb）时，建议在 42℃左右进行。

（八）反转录酶对反应的影响

反转录酶能与 cDNA 结合，直接进行 PCR 反应有阻害作用。因此，PCR 反应前，必须进行99℃，5min加热使反转录酶失活。反应液中反转录酶的浓度增加会使失活变得困难，在使用长链 RNA 进行反转录反应时，不要增加反转录酶的量，可将延伸反应时间延长。

七、思考题

1. 提取的 RNA 降解，为什么？
2. 提取的 RNA 中含有 DNA 污染，为什么？
3. 当 $R<1.8$ 时和当 $R>2.2$ 时，说明什么？

（史小玲　李　燕）

实验二　核酸分子的定量

一、实验目的

掌握核酸定量的原理和方法。

二、实验原理

组成核酸分子的碱基,均具有一定的吸收紫外线特性,最大紫外线吸收值为250～270nm。腺嘌呤的最大紫外线吸收值为260.5nm,胞嘧啶为267nm,鸟嘌呤为276nm,胸腺嘧啶为264.5nm,尿嘧啶为259nm。这些碱基与戊糖、磷酸形成核苷酸后,其最大吸收峰不会改变,但核酸的最大吸收波长是260nm,吸收低谷在230nm。在波长为260nm的光程中,吸光度A_{260}=1相当于双链DNA浓度50μg/ml,单链DNA 37μg/ml,RNA的浓度40μg/ml和寡核苷酸30μg/ml,即双链DNA的转化系数是50μg/ml,单链DNA 37μg/ml,RNA 40μg/ml和寡核苷酸30μg/ml,因此测出核酸溶液的A_{260}值后,即可据此定量溶于缓冲液的双链DNA、单链DNA、RNA及寡核苷酸的浓度。

计算原液DNA或RNA浓度:原始浓度(μg/ml)=A_{260}×转化系数×稀释率。

三、材料、试剂与仪器

1. 材料

待检测DNA或RNA溶液。

2. 试剂

DNA或RNA的洗脱液(如Rnase-free H_2O、TE buffer等)、ddH_2O。

3. 仪器

核酸蛋白定量仪、微量移液器(0.5～10μl)、微量移液器枪头(0.5～10μl)、棉签等。

四、实验步骤

（1）选择相应的洗脱液（如 Rnase-free H_2O、TE buffer 等）2μl，调零。

（2）取 1~2μl DNA 或 RNA 溶液测定并记录样品液的 A_{260} 值、A_{260}/A_{280}（R）值，R 值可以体现 DNA 或 RNA 中蛋白质等有机物的污染程度。质量较好的 DNA 或 RNA 的 R 值应为 1.8~2.0。当 R 值小于 1.8，表明溶液中的蛋白质等有机物的污染比较明显，可以增加酚提步骤；当 R 值大于 2.2，意味着 DNA 或 RNA 已经被水解。A_{260}/A_{230} 可用来估计去盐的程度。对于 RNA 纯制品，A_{260}/A_{230}<2 说明去盐不充分，可以再次沉淀和 70%乙醇洗涤。

（3）记录浓度值（μg/ml）及 R 值。

五、注意事项

（1）260nm 是核酸最高吸收峰的吸收波长，最佳测量值为 0.1~1.0。假如不在此范围，稀释或浓缩样品，使之在此范围内。假如吸光度小于 0.05，检查是否存在操作因素（如移液不准确、混匀不充分、样品内有悬浮物等）影响。

（2）核酸的吸光度 A_{260} 必须大于 0.1，才有效和可靠，因为样品中的杂质和颗粒等不纯物的干扰通常会对光有一定吸收，其值小于 0.1。

（3）待测样品必须经过充分混匀，这样才能保证测定值的均一。

（4）待测样品中有相当含量的杂质。A_{260}/A_{280} 和 A_{260}/A_{230} 是 DNA 纯度的指示值，纯度好的 DNA，在 pH 7.0~8.5 时其比值应该为 2.0 或 2.5，A_{230} 是多肽、芳香基团、苯酚和一些碳氢化合物的吸光度，A_{280} 是蛋白质的吸光度。

（5）操作前仅能提起手柄上样，不能通过手拉光缆操作。

（6）操作完毕后用蒸馏水清洗探头，然后退出。

六、思考题

1. 核酸的最大吸收波长是多少？
2. 简述 DNA 或 RNA 定量前，使用相应洗脱液的作用？
3. 质量较好的 DNA 或 RNA 的 R 值范围是多少，造成超过上限、下限的原因是什么？

（卞铁荣　李　燕）

实验三　聚合酶链反应

一、实验目的

1. 掌握 PCR 反应的原理和方法。
2. 熟悉 PCR 技术的应用。
3. 了解 PCR 污染的产生及防治。

二、实验原理

聚合酶链反应（polymerase chain reaction，PCR）是一项体外基因扩增技术，1985 年美国化学家 Kary Mullis 发明了该项技术，与加拿大化学家 Michael Smith 共同获得了 1993 年诺贝尔化学奖。1988 年耐热 DNA 聚合酶（*Taq* 酶）的发现和应用，使 PCR 技术变得极为简单，被迅速应用于分子生物学、生物工程、医学、法医学和农学等领域。

（一）PCR 技术的基本原理

类似于 DNA 的天然复制过程，其特异性依赖靶序列两端互补的寡核苷酸引物。PCR 由变性-退火-延伸 3 个基本反应步骤构成。

（1）模板 DNA 的变性：模板 DNA 经加热至 94℃左右一定时间后，模板 DNA 双链或经 PCR 扩增形成的双链 DNA 解离，使之成为单链，以便与引物结合，为下轮反应作准备。

（2）模板 DNA 与引物的退火（复性）：模板 DNA 经加热变性成单链后，温度降至 55℃左右，引物与模板 DNA 单链的互补序列配对结合。

（3）引物的延伸：DNA 模板-引物结合物在 *Taq* DNA 聚合酶的作用下，以 dNTP 为反应原料，靶序列为模板，按碱基配对与半保留复制原理，合成一条新的与模板 DNA 链互补的半保留复制链。

重复循环变性-退火-延伸过程，就可获得更多的半保留复制链，而且这种新链又可成为下次循环的模板。每完成一个循环需 2～4min，2～3h 就能将待扩目的基因扩增几百万倍（plateau）。到达平台期所需循环次数取决于样品中模板的拷贝。

PCR 反应的原理如图 3-1 所示。

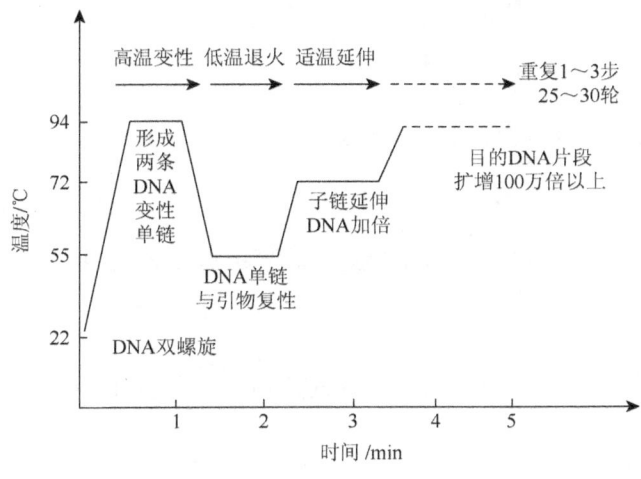

图 3-1　PCR 反应原理图

（二）PCR 技术的应用

（1）生命科学：①人类基因组计划；②后基因组计划，人类基因组 DNA 序列图谱完成后，鉴定基因组多态性及其单倍型和寻找其在生物和医学中的应用成为人们关心的热点，以研究基因功能为核心的"后基因组时代"已经来临，大规模的结构基因组、蛋白质基因组及药物基因组的研究计划已经成为新的热点；③物种的分类、进化及亲缘关系，可以进行物种进化的保守性分析及物种多态性分析、物种鉴定。

（2）医药：①疾病的诊断和治疗；②致病病原体的检测；③DNA 指纹、个体识别（DNA 身份证）、亲子关系鉴别和法医物证（可以用一根头发、一个细胞、一个精子来完成上述工作），分析 HLA 多态性，进行骨髓或脏器移植的组织配型；④生物工程制药，许多药物可通过工程菌和细胞来大量生产，如干扰素、白介素、促红细胞生长素等药物；⑤转基因动物制药及疾病模型；⑥中药材真伪鉴别。

（3）农业科学：①转基因产品的检测；②农作物病害病原检测；③物种或品系间亲缘关系分析；④农作物抗病基因检测；⑤食品微生物检测等。

（4）环境科学：①环境生态研究；②环境监测，用 PCR 方法能快速、准确地检测外环境致病性细菌和有害生物。

（5）考古学及历史事件解读：利用人类短串联重复 STR-PCR 技术，研究人类种族的遗传多态性，效果非常稳定；目前此技术已广泛用于生物考古学、种系发育学、民族学、人类学和考古学等各个领域。

三、材料、试剂与仪器

1. 材料

DNA 模板、上游引物、下游引物。

2. 试剂

Taq DNA 聚合酶、dNTP、*Taq* DNA 聚合酶缓冲液、ddH$_2$O。

3. 仪器

微量移液器、微量移液器吸头、微量离心管、离心机、PCR 仪等。

四、实验步骤

（1）在 0.2ml 离心管内配制 PCR 反应体系，常规 PCR 体系为 50μl 或 25μl。经典的 PCR 体系为：50μl 体系中，Mg^{2+} 为 1.5mmol/L，dNTP 为 200μmol/L，引物 1μmol/L，DNA 聚合酶 1～5U，模板 DNA 为 1pg～1μg。目前 PCR 实验多采用商品化试剂盒，PCR 体系的配制可参考相应的试剂盒说明书。

（2）PCR 扩增反应。经典的 PCR 反应程序为：①94℃预变性 5min；②94℃变性 30s；③55℃退火 30s；④72℃延伸 1min；⑤重复步骤②～④30～35 次；⑥72℃彻底延伸 10min。

注意：以上步骤可根据具体实验进行调整。可根据引物长度和碱基组成（GC 含量）选择适宜的退火温度，一般退火温度低于引物 T_m 值 5℃左右，可由公式 T_m 值=4℃(G+C)+2℃(A+T) 计算得出。根据 PCR 产物的大小确定合适的延伸时间，一般 PCR 反应延伸的速度为 1kb/min。

（3）琼脂糖凝胶电泳分析 PCR 结果。

五、常见问题及解决方法

在 PCR 实验中，常常遇到许多意想不到的困难，这里分享一些多年的实验经验供大家参考。

（一）PCR 产物检测时间的控制

PCR 产物的电泳检测时间为 48h 以内，有些最好当日检测，大于 48h 后带型不规则甚至消失。

（二）假阴性，不出现扩增条带

PCR 反应的关键环节有：①模板核酸的制备；②引物的质量与特异性；③*Taq* 酶的质量及活性；④PCR 循环条件。寻找原因也应针对上述环节进行分析研究。出现假阴性时，应考虑以下几方面。

（1）模板：①模板中含有杂蛋白质，②模板中含有 *Taq* 酶抑制剂；③在提取制备模板时丢失过多或吸入酚；④模板核酸变性不彻底。

（2）酶失活：需更换新酶，或新旧两种酶同时使用，以分析是否因酶的活性丧失或不够而导致假阴性。

（3）引物：引物的质量、浓度及两条引物的浓度是否对称，是 PCR 失败或扩增条带不理想、容易弥散的常见原因。有些批号的引物合成质量有问题，两条引物一条浓度高，一条浓度低，造成低效率的不对称扩增。对策为：①选定一个好的引物合成单位；②引物的浓度不仅要看 OD 值，更要注重引物原液的琼脂糖凝胶电泳结果，一定要有引物条带出现，而且两条引物带的亮度应大体一致，如一条引物有条带，一条引物无条带，此时做 PCR 扩增有可能失败，应和引物合成单位协商解决，如一条引物亮度高，一条亮度低，在稀释引物时要平衡其浓度；③引物应高浓度小量分装保存，防止多次冻融或长期放冰箱冷藏，导致引物变质降解失效；④引物设计不合理，如引物长度不够，引物之间形成二聚体等。

（4）Mg^{2+} 浓度：Mg^{2+} 浓度对 PCR 扩增效率影响很大，浓度过高可降低 PCR 扩增的特异性，浓度过低则影响 PCR 扩增产量甚至使 PCR 扩增失败而扩不出条带。

（5）反应体积的改变：通常进行 PCR 扩增采用的体积为 20μl、30μl、50μl 或 100μl，应用多大体积进行 PCR 扩增，是根据科研和临床检测不同目的而设定的，先做小体积如 20μl 后，再做大体积时，一定要摸索条件，否则容易失败。

（6）物理原因：变性对 PCR 扩增来说相当重要，如变性温度低，变性时间短，极有可能出现假阴性；退火温度过低，可致非特异性扩增而降低特异性扩增效率；退火温度过高可影响引物与模板的结合而降低 PCR 扩增效率。

（7）靶序列变异：如靶序列发生突变或缺失，影响引物与模板特异性结合，或因靶序列某段缺失而使引物与模板失去互补序列，这时 PCR 扩增是不会成功的。

（三）假阳性条带与目的靶序列条带一致

假阳性出现的 PCR 扩增条带与目的靶序列条带一致，有时其条带更整齐，亮度更高，具体应考虑以下两方面。

（1）引物设计不合适，选择的扩增序列与非目的扩增序列有同源性，因而在进行 PCR 扩增时，扩增出的 PCR 产物为非目的序列。靶序列太短或引物太短，容易出现假阳性，需重新设计引物。

（2）靶序列或扩增产物的交叉污染，这种污染有两种原因，一是整个基因组或大片段的交叉污染，导致假阳性。这种假阳性可用以下方法解决：①操作时应小心轻柔，防止将靶序列吸入移液器内或溅出离心管外；②除酶及不能耐高温的物质外，所有试剂或器材均应高压消毒，所用离心管及微量移液器吸头等均应一次性使用；③必要时，在加标本前，反应管和试剂用紫外线照射，以破坏存在的核酸。二是空气中的小片段核酸污染，这些小片段比靶序列短，但有一定的同源性，可互相拼接，与引物互补后，可扩增出 PCR 产物，而导致假阳性的产生，可用巢式 PCR 方法来减轻或消除。

（四）出现非特异性扩增带

PCR 扩增后出现的条带与预计的大小不一致，或大或小，或者同时出现特异性扩增带与非特异性扩增带。非特异性条带的出现，其原因为：①引物与靶序列不完全互补，或引物聚合形成二聚体；②Mg^{2+}浓度过高、退火温度过低，以及 PCR 循环次数过多；③酶的质和量，往往一些来源的酶易出现非特异条带而另一来源的酶则不出现，酶量过多有时也会出现非特异性扩增。其对策有：①必要时重新设计引物；②减低酶量或调换另一来源的酶；③降低引物量，适当增加模板量，减少循环次数；④适当提高退火温度或采用二温度点法（93℃变性，65℃左右退火与延伸）。

（五）出现片状拖带或涂抹带

PCR 扩增有时出现涂抹带或片状带或地毯样带。其原因往往是模板不纯、酶量过多或酶的质量差、dNTP 浓度过高、Mg^{2+}浓度过高、退火温度过低、循环次数过多。其对策有：①纯化模板；②减少酶量，或调换另一来源的酶；③减少 dNTP 的浓度；④适当降低 Mg^{2+}浓度；⑤增加模板量，减少循环次数。

（六）PCR 污染的产生与防治

（1）引起 PCR 污染的原因主要有：①因操作不当导致 DNA 污染 PCR 试剂、实验容器、实验台面等；②模板吸取过程中，因产生气溶胶或其他原因引起移液器污染，从而导致交叉污染；③PCR 产物电泳时，用配制 PCR 反应体系的同一只移液器进行操作，造成 PCR 产物的气溶胶污染；④实验室中克隆质粒的污染。

（2）防止 PCR 污染可采取的措施：①PCR 过程中设置阴性对照；②用于 PCR 体系的移液器要专用，千万不可再用于吸取 PCR 产物或克隆质粒；③各个区域实验用品应专用，实验前应用紫外线消毒，破坏残留的 DNA 和 RNA；④实验中 EP 管、移液器吸头均为一次性使用，实验中操作应规范，应勤换手套；⑤引物可稀释后分装保存；⑥打开离心管前应先离心，将管壁及管盖上的液体甩至管底部，开管动作要轻，以防管内液体溅出；⑦实验结束后及时清理台面。

六、思考题

1. 简述出现假阴性，不出现扩增条带的原因？
2. 为什么假阳性出现的 PCR 扩增条带与目的靶序列条带一致，有时其条带更整齐，亮度更高？
3. 为什么会出现片状拖带或涂抹带？
4. 为什么会出现非特异性扩增带？
5. PCR 时，如何选择合适的退火温度和延伸时间？

（王晓燕）

实验四 实时荧光定量 PCR

一、实验目的

1. 掌握实时荧光定量 PCR 反应的原理。
2. 了解实时荧光定量 PCR 实验的优化方法。

二、实验原理

常规 PCR 中，扩增产物是通过终点法来分析检测的，即 PCR 反应结束后，DNA 通过凝胶电泳或放射性核素掺入标记后的光密度扫描来进行定量分析。但是在许多情况下，人们感兴趣的是未经 PCR 信号放大之前的起始模板量。例如，人们想知道某一转基因动植物转基因的拷贝数或者某一特定基因在特定组织中的表达量。在这种需求下荧光定量 PCR 技术应运而生。所谓的实时荧光定量 PCR（real-time PCR）就是通过对 PCR 扩增反应中每一个循环产物荧光信号的实时检测从而实现对起始模板定量及定性的分析。

为了更好地了解荧光定量 PCR 的原理，可用样品的扩增曲线来说明（图 4-1）。一般而言，扩增曲线可以分成 3 个阶段：荧光背景信号阶段、荧光信号指数扩增阶段和平台期。在荧光背景信号阶段，扩增的荧光信号被荧光背景信号所掩盖，无法判断产物量的变化。而在平台期，扩增产物已不再呈指数级增加，PCR 的终产物量与起始模板量之间没有线性关系，因此根据最终的 PCR 产物量不能计算出起始 DNA 的拷贝数。只有在荧光信号指数扩增阶段，PCR 产物量的对数值与起始模板量之间存在线性关系，可以选择在这个阶段进行定量分析。为了便于定量和比较，在实时荧光定量 PCR 技术中引入了两个非常重要的概念：荧光阈值和 C_t 值。荧光阈值是在荧光扩增曲线上人为设定的一个值，它可以设定在荧光信号指数扩增阶段的任意位置上，但一般将荧光阈值的缺省设置为 3~15 个循环的荧光信号标准偏差的 10 倍。每个反应管内的荧光信号到达设定的阈值时所经历的循环数称为 C_t 值（threshold value）。C_t 值主要由扩增反应体系中模板的初始浓度决定。如果模板初始浓度高，只需要较少的扩增循环就可以累积足够的产物，产生高过背景的荧光信号，因此，反应就有一个较小或较早出现的 C_t 值；相反，如果模板初始浓度低，需要较多的扩增循环才能产生高过背景的荧光信号，反应就有一个较大或较迟出现的 C_t 值。两者之间关系的建立是荧光定量 PCR 用于定量分析的依据。

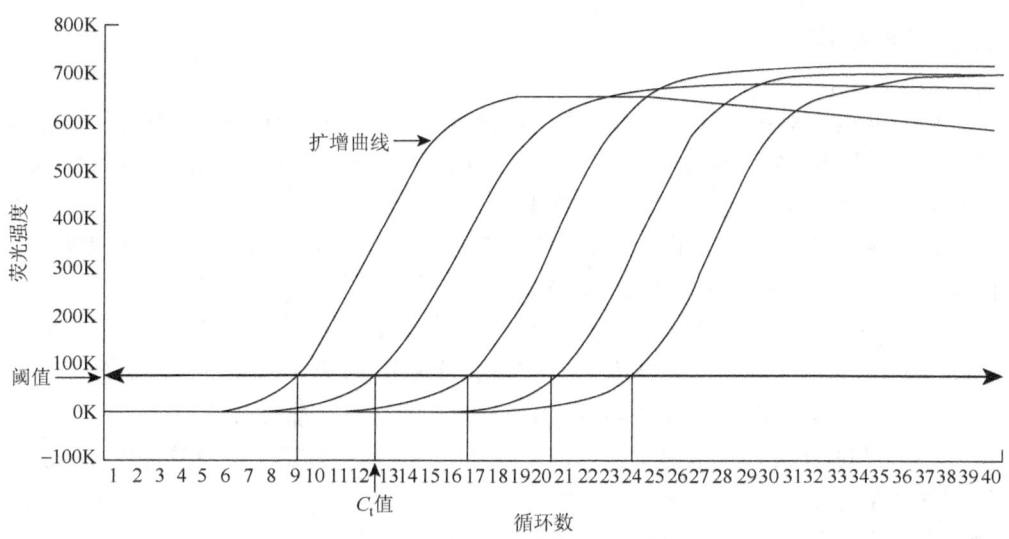

图 4-1 实时荧光定量 PCR 扩增曲线

可用于实时荧光定量 PCR 的荧光化学方法多种多样，分为两类：第一，DNA 结合染料，如 SYBR Green Ⅰ；第二，荧光染料标记的序列特异性寡聚核苷酸引物或探针，如分子信标和 *Taq*Man、杂交探针、Eclipse 探针、LUX and BD QZyme 引物等。最常用的化学方法是 DNA 结合染料 SYBR Green Ⅰ 和 *Taq*Man 水解探针。本实验以 SYBR Green Ⅰ 为例进行介绍。

三、材料、试剂与仪器

微量移液器、微量移液器吸头、微量离心管、离心机、PCR 仪。

四、实验步骤

（1）在 0.2ml 离心管内配制 25μl 反应体系：SYBR Green Ⅰ 混合反应液 12.5μl；上游引物 F 1μl、下游引物 R 1μl；模板 DNA aμl（≥100ng/reaction）；ddH$_2$O bμl。
（2）按下列程序进行扩增：①95℃预变性 30s；②95℃变性 10s；③60℃退火 50s；④重复步骤②、③40 次；⑤熔解曲线 95℃，15s；⑥熔解曲线 60℃，60s；⑦熔解曲线 95℃，15s；⑧重复步骤⑤～⑦，每次重复时，步骤⑥温度增加 0.5℃，直到95℃停止。

（3）软件分析 PCR 结果。

五、注意事项

（1）实验中高纯度（无污染）和高完整性（无降解）的 RNA 是最关键的因素之一。样品 RNA 的纯度可通过 OD_{260}/OD_{280} 分光光度法来进行检测。RNA 完整性可通过琼脂糖凝胶电泳的方法来检测。

（2）质量控制检测后的总 RNA 样品应立即反转录为 cDNA。这种处理避免了 RNA 样品因反复冻融而致使 RNA 降解。

（3）引物的设计和目标序列的选择对产物的特异性和有效扩增来说至关重要。目标序列应该是唯一的，长度为75～300bp，GC 含量为50%～60%，不含二级结构。引物中应避免含有连续的 G 或 C，但推荐在引物末端含有 G 或 C。

（4）通过 PCR 反应后进行的熔解曲线分析，可对引物退火的特异性进行检测。熔解曲线应该显示出一个单一尖锐峰。此外，每对引物至少有一个样品的扩增产物需要用合适的凝胶电泳来确定扩增子的大小是否正确。

（5）每次运行中各对引物都应包括两个非模板对照（NTC）重复样以便检测缓冲液和溶液是否有 DNA 污染和引物二聚体。

（6）建立标准曲线来确定 PCR 的反应效率。检测 PCR 的反应效率非常重要，因为扩增效率可反映人为原因引起的 PCR 问题。低扩增效率（<90%）可能是由于 *Taq* 酶抑制剂的污染，过高或未优化退火温度，时间较久或已失活的 *Taq* 酶，引物设计不合理或扩增子含二级结构。过高的反应效率（>105%）一般是由于引物二聚体或非特异性扩增。而引起过高或过低的反应效率最常见的原因包括移液器不准或移液器操作技术不当。

六、思考题

1. 什么是 C_t 值？
2. 简述实时荧光定量 PCR 反应的原理。
3. 实时荧光定量 PCR 实验优化方法有哪些？

（李　燕）

实验五　琼脂糖凝胶电泳

一、实验目的

1. 学习与掌握琼脂糖凝胶电泳的基本原理和技术，能够利用琼脂糖凝胶电泳检测核酸纯度、含量、相对分子质量及分离不同大小的核酸片段。
2. 掌握水平式电泳仪的使用方法。

二、实验原理

琼脂糖凝胶电泳是用于分离、鉴定 DNA 和 RNA 分子的常用方法，这种电泳方法以琼脂糖凝胶作为支持物，利用 DNA 分子在泳动时的电荷效应和分子筛效应，达到分离混合物的目的。

核酸分子是两性解离分子，其中 DNA 等电点（pI）为 4.0~4.5，RNA 等电点（pI）为 2.0~2.5，当外界溶液的 pH 大于两性离子的 pI 值时，两性离子释放质子带负电，在电场中向正极泳动；当外界溶液的 pH 小于两性离子的 pI 值时，两性离子质子化带正电，在电场中向负极泳动。

琼脂糖是从海藻中提取出来的一种线状高聚物，其熔化后再凝固就会形成固体基质，具有多孔的网状结构，孔径大小取决于琼脂糖浓度，其分子筛效应则与分子大小和构象有关。在一定的电场强度下，线状双链 DNA 分子在一定浓度琼脂糖凝胶中的迁移速率与其相对分子质量成反比；而不同构型的 DNA 分子的迁移速率不同，3 种不同构型分子进行电泳时的迁移速率大小顺序为：共价闭合环状的超螺旋分子（cccDNA）＞线形 DNA 分子（lDNA）＞开环分子（ocDNA）。琼脂糖凝胶浓度与线性 DNA 分辨范围的关系如表 5-1 所示。

表 5-1　琼脂糖凝胶浓度与线性 DNA 分辨范围的关系

琼脂糖浓度/%	最佳线形 DNA 分辨范围/bp
0.5	1 000~30 000
0.7	800~12 000
1.0	500~10 000
1.2	400~7 000
1.5	200~3 000
2.0	50~2 000

影响核酸分子的迁移速率的主要因素有：①DNA 的分子大小与构象；②电泳电压；③离子强度；④嵌入染料的存在；⑤溶液的 pH；⑥温度；⑦支持物。

实验室常用的核酸染色剂是溴化乙锭（ethidium bromide，EB），荧光染料溴化乙锭用于检测琼脂糖凝胶中的 DNA，它可嵌入 DNA 堆积碱基之间的一个平面基团，使染料与 DNA 结合并呈现荧光。DNA 吸收 254nm 处的紫外辐射并传递给染料，而被结合的染料本身则在 302nm 和 366nm 处有光吸收。这两种情况下，被吸收的能量可在可见光谱红橙区的 590nm 处重新发射出来。

溴化乙锭染色效果好，操作方便，但是稳定性差，具有毒性。而其他系列如 SYBR Green、GelRed，虽然毒性小，但价格昂贵。GoldView（GV）是一种新型核酸染料，其灵敏度与 EB 相当，使用方法也与之完全相同，且目前未发现 GoldView 有致癌作用。

三、材料、试剂与仪器

1. 材料

PCR 产物。

2. 试剂

（1）50×TAE 电泳缓冲液：242g Tris 碱，57.1ml 冰醋酸，100ml 0.5mol/L EDTA（pH 8.0），去离子水补足至 1L。

（2）上样缓冲液：0.25%溴酚蓝、0.25%二甲苯青 FF、40%（m/V）蔗糖水溶液；0.5μg/ml 溴化乙锭溶液（10mg 溴化乙锭溶于 1ml 灭菌 dH$_2$O，室温避光保存，需要时加至终浓度为 0.5μg/ml，充分混合）。

（3）标准分子质量 DNA Marker、琼脂糖。

3. 仪器

电泳、电泳槽、紫外可见分析装置、DNA 成像仪、微量移液器、微量移液器吸头等。

四、实验步骤

（1）将配好的 1×TAE 电泳缓冲液倒入电泳槽。

（2）将 2g 琼脂糖倒入装有 100ml 1×TAE 电泳缓冲液的锥形瓶中，于微波炉中熔化，制成 2%的琼脂糖凝胶，待温度降到 60℃左右加入 5μl 溴化乙锭至其终浓度为 0.5μg/ml，充分混匀。

（3）将熔化后的琼脂糖凝胶倒入插好梳子的模具中（从边缘匀速倒下，胶中勿产生气泡）。

（4）静置 30~60min，待琼脂糖凝胶凝固后缓慢垂直拔去梳子。

（5）将琼脂糖凝胶放入电泳槽中。

（6）点样：将 6×loading buffer 2~5μl 与 DNA 样品 5~10μl 混匀，加入凝胶孔。

（7）电泳参数：电压 100V，电流 500mA，功率 250W，电泳时间 40min。

（8）将琼脂糖凝胶取出，放入紫外可见分析装置中分析，结果如图 5-1 所示。

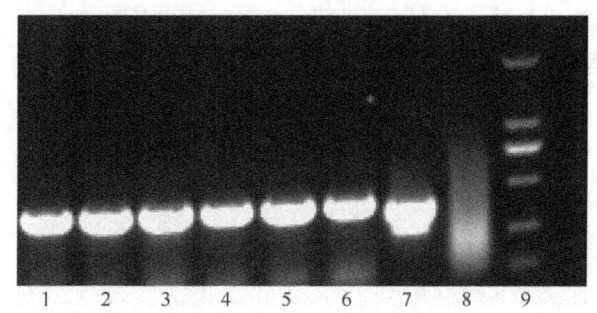

图 5-1　IL-2 基因的扩增

1~8. IL-2 基因的 PCR 产物（1~7 泳道为 IL-2 引物 PCR 结果；8 泳道为阴性对照）；
9. Marker（M 从上至下依次为 2000bp、1000bp、750bp、500bp、250bp、100bp）

五、注意事项

（1）配琼脂糖凝胶时应使其完全熔化后方可制胶。

（2）琼脂糖凝胶易破碎，操作时要轻缓。

（3）电泳时应注意电源线路，预防触电。

（4）溴化乙锭是一种强烈的诱变剂并有中度毒性，使用时必须戴手套，并在专门的实验室内使用。

（5）紫外线对人体有损伤作用，开灯时间不宜太长，注意防护。

（6）DNA 条带形状模糊可能是因为 DNA 加样过多，电压太高或凝胶中有气泡。

（7）上样缓冲液的作用：①增大样品密度，以保证 DNA 沉入加样孔内；②使样品带有颜色便于简化上样过程；③其中的染料在电场中可以预测向阳极迁移的泳动速率。

（8）溴酚蓝在琼脂糖凝胶中移动的速率约为二甲苯青 FF 的 2.2 倍，而与琼脂糖浓度无关。以 0.5×TBE 作电泳液时,溴酚蓝在琼脂糖凝胶中的泳动速率约与长 300bp 的双链线状 DNA 相同,而二甲苯青 FF 的泳动速率则与长 4kb 的双链线状 DNA 相同。琼脂糖浓度为 0.5%~1.4%时,这些对应关系受凝胶浓度变化的影响并不显著。

六、思考题

1. 简述 EB 在凝胶中的作用原理。
2. 加样时应该注意什么?
3. 琼脂糖凝胶电泳中 DNA 分子迁移速率受哪些因素的影响?
4. EB 是具有毒性的染料,还有其他可替代的染料吗?

(杨颖丞　唐小平)

实验六 胶回收法纯化 DNA

一、实验目的

掌握 DNA 回收的目的和原理。

二、实验原理

胶回收是指将目的 DNA 片段经琼脂糖凝胶电泳与其他片段分离,再从琼脂糖凝胶中将目的 DNA 片段抽提纯化出来的过程。DNA 片段的分离与回收是基因工程操作中一项重要的技术。例如,可收集特定酶切片段用于克隆或是制备探针,回收 PCR 产物用于再次鉴定等。胶回收 DNA 的常用方法有:柱回收试剂盒、玻璃奶/纯化填料胶回收试剂盒、低熔点琼脂糖凝胶法、透析袋电洗脱法、DEAE 纤维素膜法等。其中柱回收试剂盒是目前最简单快速的回收方法,但该方法不适合用于大片段的回收。

本实验采用的是柱式胶回收试剂盒。其原理是:凝胶块在溶胶液下被快速融化并释放出 DNA,DNA 片段特异性地吸附到硅胶膜上,经漂洗去除残留在膜上的杂质和高浓度盐离子后,吸附到膜上的 DNA 片段经洗脱液洗脱回收后即可用于下一步实验。该试剂盒可从琼脂糖凝胶中快速回收 100bp~10kb 的双链 DNA 片段,可用于酶切、连接、测序等大部分日常实验。

胶回收实验中两个最重要的技术指标是产物的质量与回收率。产物的质量主要指纯度,电泳中,普通级别的琼脂糖凝胶自带的一些性状不明的多糖会连同 DNA 一起从凝胶中抽提出来,会强烈抑制后续的连接、酶切、标记、扩增等实验。产物的质量还包括产物的完整性及产物的浓度等。影响回收率的因素很多,如 DNA 片段大小、点样量、凝胶种类、电泳缓冲液的缓冲能力、切胶操作、紫外灯照射强度和时间、溶胶是否彻底等。回收率低会大大增加前期的工作量。

三、材料、试剂与仪器

1. 材料

目的 DNA。

2. 试剂

胶回收试剂盒，包括吸附柱 CA2、平衡液 BL、溶胶液 PN、漂洗液 PW、洗脱液 EB。

3. 仪器

电泳仪、高速离心机、恒温水浴锅、微量移液器、微量移液器吸头、微量离心管等。

四、实验步骤

（1）将目的 DNA 进行琼脂糖凝胶电泳。

（2）柱平衡步骤：向吸附柱 CA2 中加入 500μl 平衡液 BL，12 000r/min 离心 1min，倒掉收集管中废液，将吸附柱重新放回收集管中。

（3）将单一的目的 DNA 条带从琼脂糖凝胶中切下（尽量切除多余部分），放入干净的 1.5ml EP 管中，称取凝胶质量。

（4）向凝胶中加入 3 倍体积溶胶液 PN（约 600μl），50℃水浴 10min，期间不断温和地上下翻转 EP 管，以确保胶块充分溶解。若还有未溶解的胶块，可再补加一些溶胶液或继续放置几分钟，直至胶块完全溶解（若胶块体积过大，可事先将胶块切成碎块）。

注意：胶块完全溶解后需要将胶溶液温度降至室温再上柱，因为吸附柱在较高温度时结合 DNA 的能力较弱。

（5）将上一步所得溶液加入一个吸附柱 CA2 中，室温放置 2min，12 000r/min 离心 1min，倒掉收集管中的废液。

注意：若样品体积过大，可分批加入。

（6）向吸附柱 CA2 中加入 600μl 漂洗液 PW（使用前检查是否已加入无水乙醇），室温放置 2min，12 000r/min 离心 1min，倒掉收集管中的废液。

（7）重复操作步骤（6）。

（8）将吸附柱 CA2 放回收集管中，12 000r/min 离心 2min，尽量去除漂洗液。将吸附柱 CA2 置于室温放置数分钟，彻底晾干。

注意：漂洗液中乙醇的残留会影响后续的酶反应（酶切、PCR、连接等）实验。

（9）将吸附柱 CA2 放到一个干净的 EP 管中，向吸附膜中间位置悬空滴加适量洗脱缓冲液 EB，室温放置 2min，12 000r/min 离心 2min 收集 DNA 溶液。

注意：洗脱体积应不小于 30μl，体积过少影响回收效率。为了提高 DNA 的回收率,可将离心得到的溶液重新加回离心吸附柱中,室温放置 2min,12 000r/min 离心 2min,将 DNA 溶液收集到离心管中。

五、常见问题及解决方法

(一)用胶回收试剂盒从凝胶中回收 DNA 得率低的原因及对策

(1)回收前的样品量太少,需加大点样量。
(2)紫外灯下切胶时间过长,导致 DNA 部分降解,应尽量把切胶时间控制在 30s 以内。
(3)胶块体积太大,应使用吸头捣碎,若还不能充分溶解则应先将其切为小块,再分多次回收。
(4)胶块溶解不完全,可适当延长水浴时间和上下颠倒的次数及增加溶胶液的比例。
(5)电泳缓冲液不新鲜,失去了缓冲能力,导致 pH 升高,降低 DNA 和膜的吸附力,应及时更换电泳缓冲液,最好使用新鲜配制的电泳缓冲液。
(6)漂洗液使用后未及时盖严瓶盖,乙醇挥发,影响回收效率。
(7)洗脱前,预先预热洗脱液、延长室温静置时间、增加洗脱次数可以有效提高回收率 30%以上。
(8)洗脱液体积过少,说明书提供的最少洗脱体积是能完全覆盖吸附膜的最小体积,应不小于最少洗脱液体积,并将洗脱液加在吸附膜中间。

(二)溶胶不彻底会影响回收产物的纯度

在电泳过程中,DNA 会与大分子多糖紧密结合在一起,凝胶的种类和质量不同,DNA 与之结合力也不同,只有凝胶充分溶解,DNA 才能充分释放,否则,凝胶将与 DNA 一起沉淀下来,洗脱后将影响回收产物的纯度。

(三)简易测算提取率

取相同体积的回收前后 DNA 片段一起电泳,使用凝胶成像系统拍照后,用配套的软件进行电泳条带灰度对比。注意回收前样品中往往含有非目的 DNA 片段、引物、dNTP 等,因此不能用测回收前后吸光度的方法计算回收率。

六、思考题

1. 在做胶回收电泳实验时,为什么要加入标准分子质量 DNA Marker?
2. 简述如何提高 DNA 回收率。

(宋雪琴)

实验七　氯化钙法制备大肠杆菌感受态细胞

一、实验目的

1. 掌握氯化钙（$CaCl_2$）法制备感受态细胞的方法。
2. 熟悉感受态细胞制备的基本原理。
3. 了解感受态制备的其他方法。

二、实验原理

为了使重组 DNA 分子进行复制、表达，实现遗传信息的转移，需将重组 DNA 分子导入受体细胞。受体细胞也称宿主细胞，分为原核细胞和真核细胞两类。基因工程中，原核细胞如细菌，包括大肠杆菌等；真核细胞包括酵母、哺乳动物细胞等。转化的基本过程首先是用理化方法诱导受体细胞，使其处于最适摄取和容纳外来 DNA 的生理状态。细菌处于容易吸收外源 DNA 的状态称为感受态，这种细菌细胞称为感受态细胞（competent cell）。

在细菌中，能发生感受态的细胞占极少数。而且，细菌的感受态是在短时间内发生的。$CaCl_2$ 法制备感受态细胞最先是由 Cohen 于 1972 年发现的。其原理是细胞处于 0℃的低渗 $CaCl_2$ 溶液中，会膨胀成球形，细胞膜的通透性发生变化，外源 DNA 分子在此条件下易形成抗 DNA 酶的羟基-钙磷酸复合物黏附在细菌表面，通过 42℃短时间热激处理，促进细胞对 DNA 的吸收。目前对感受态细胞能接受外来 DNA 分子的本质看法并不一致。感受态形成后，细胞生理状态会发生改变，出现各种蛋白质和酶，负责供体 DNA 的结合和加工等。细胞表面正电荷增加，通透性增加，形成能接受外来 DNA 分子的受体位点等。

感受态细胞常用 $CaCl_2$、$CaCl_2$ 联合其他二价金属离子（如 Mn^{2+}、Co^{2+} 等）、二甲基亚砜、二硫苏糖醇等制备，如 $CaCl_2$ 法、Hanahan 法、Inoue 法。除了化学方法制备感受态细胞外，还可以用电转化方法。$CaCl_2$ 法适用于大多数大肠杆菌菌株，其转化效率一般能达到 $5\times10^6 \sim 2\times10^7$ 个（转化克隆）/μg（超螺旋质粒 DNA）。该方法操作简单，快速，重复性好，可以满足一般的基因克隆实验。本实验以 $CaCl_2$ 法为例介绍如何制备感受态细胞。

三、材料、试剂与仪器

1. 材料

大肠杆菌 DH5α。

2. 试剂

LB（Luria-Bertani）液体培养基，0.1mol/L CaCl$_2$ 溶液。

3. 仪器

恒温摇床、电热恒温培养箱、台式高速离心机、无菌工作台、低温冰箱、恒温水浴锅、制冰机、分光光度计、微量移液器等。

四、实验步骤

（1）取大肠杆菌 DH5α 菌株于平板划线，37℃培养 16～20h。

（2）挑取一个单菌落（直径 2～3mm），转到一个含有 100ml LB 液体培养基或 SOB 培养基的 1L 烧瓶中。于 37℃剧烈振摇培养约 3h（旋转摇床，300r/min）。

注意：为得到有效转化，细胞生长密度以刚进入对数生长期为好，可通过检测培养液的 OD$_{600}$ 来控制。DH5α 菌株的 OD$_{600}$ 为 0.5 时，细胞密度约为 $5×10^7$ 个/ml（不同菌株情况有所不同），这时比较适合。密度过高或不足均会影响转化效率。

（3）在无菌条件下将细菌转移到一个无菌的、一次性使用的、用冰预冷的 50ml 聚丙烯管中，在冰上放置 10min，使培养物冷却至 0℃。

（4）于 4℃用 Sorvall GS3 转头（或与其相当的转头）以 4000r/min 离心 10min，以回收细胞。

（5）倒出培养液，将管倒置 1min 以使最后残留的痕迹培养液流尽。

（6）以 10ml 用冰预冷的 0.1mol/L CaCl$_2$ 重悬每份沉淀，放置于冰上。

（7）重复步骤（4）。

（8）重复步骤（5）。

（9）每 50ml 初始培养物用 2ml 预冷的 0.1mol/L CaCl$_2$ 重悬每份沉淀，即成感受态细胞悬液。

（10）感受态细胞的冻存：①每 4ml 重悬细胞加 140μl DMSO，轻轻混匀，冰上放置 15min，再加 140μl DMSO，轻轻混匀，置于冰浴中，再迅速将其将分装成 200μl 的小份，储存于−70℃备用；②加入终浓度 15%的无菌甘油于−70℃保存，可保存半年。

五、注意事项

（1）严格无菌操作，以防污染。
（2）挑单菌落培养时，尽量挑平板上生长较分散、稍大的单菌落。
（3）制备感受态细胞的菌株不能用经过多次转接或存储于4℃的培养菌，最好从-70℃或-20℃甘油保存的新鲜菌株中选取。
（4）操作过程均需在冰上进行，否则会降低感受态细胞转化效率。
（5）4℃低温离心机使用后，应将离心机内部的水擦干，并将离心盖打开朝上，以保持干燥，防止离心机内壁生锈，影响使用。

六、思考题

1. 简述感受态细胞的概念。
2. 简述氯化钙法制备感受态细胞的原理。
3. 制作感受态细胞的过程中，应注意哪些关键步骤？

（李　燕）

实验八　质粒重组、转化、筛选和鉴定

一、实验目的

掌握质粒重组、转化、筛选和鉴定的原理及方法。

二、实验原理

DNA 重组技术（recombinant DNA technique）又称 DNA 克隆或基因克隆，是在体外重新组合脱氧核糖核酸（DNA）分子，并使其在适当的细胞中增殖的遗传操作。这种操作可把特定的基因组合到载体（vector）上，并使之在受体细胞中增殖和表达。

DNA 重组常用的载体有质粒（plasmid）、噬菌体（phage）、柯斯质粒（cosimid）、噬粒载体（phagemid）及酵母人工染色体（YAC）等，其中质粒是最为常用的。根据使用目的的不同，载体可分为克隆载体、表达载体、测序载体及穿梭载体等。

本实验使用的 pMD18-T Vector 是一种高效克隆 PCR 产物（T/A cloning）的专用载体。这种载体由 pUC18 载体改建而成，在 pUC18 的多克隆位点处的 *Xba* I 和 *Sal* I 识别位点之间插入了 *Eco*R V 识别位点，用 *Eco*R V 进行酶切反应后，再在两侧的 3′端添加 T 碱基而成。因为大部分耐热性 DNA 聚合酶进行 PCR 反应时都有在 PCR 产物的 3′端添加一个 A 碱基的特性，所以使用这种 T 载体可以显著提高 PCR 产物的连接及克隆效率。pMD18-T Vector 具有跟 pUC18 载体完全相同的功能。此外这种载体的高效连接液 Solution I 可以在极短时间内（约 30min）完成连接反应，其连接液可以直接用于细菌转化，大大方便了实验操作。

进行 DNA 重组时，根据目的基因和载体的具体情况，可选择一种或两种适当的限制性核酸内切酶切割载体或目的基因，使切割产物出现对称性黏性末端、不对称性黏性末端或平端，内切酶切割后的载体及目的基因 DNA 片段通过 T4 连接酶连接环化得到重组 DNA 分子。采用一种限制性内切酶切割时，切割后的载体和目的基因 DNA 容易重新环化或形成串联寡聚物，影响后续连接效率。消除 DNA 自身环化的最佳方法是使用两种不同的限制性核酸内切酶均对载体和含目的基因的 DNA 序列进行切割，这也是目前基因重组技术中使用最多的方法；同时，必须仔细调整连接反应液中两种 DNA 的浓度，以便使正确连接的重组产物的数量达到最佳水平;此外,还常使用碱性磷酸酶去除 5'磷酸基团的方法来抑制载体 DNA 的自身环化。

转化(transformation)是将外源 DNA 分子引入受体细胞,使之获得新的遗传性状的一种手段,它是微生物遗传、分子遗传及基因工程等研究领域的基本实验技术。大肠杆菌受体细胞经过一些特殊方法(如电击和 $CaCl_2$ 等)处理后,细胞膜的通透性发生了暂时性的改变,成为能允许外源 DNA 分子进入的感受态细胞。

转化完成后需筛选出含重组质粒的细菌菌落,一般根据载体的遗传特征进行筛选。阳性克隆的筛选方法很多,如蓝白斑筛选及抗生素筛选等。蓝白斑筛选利用一种称为 α-互补的现象,其原理是:转化中使用的质粒载体(如 pUC 系列)含有一个大肠杆菌(*E. coli*)DNA 的短区段,其中含有 β-半乳糖苷酶基因(*lacZ*)的调控序列和 N 端 146 个氨基酸的编码信息,其编码产物是 β-半乳糖苷酶的 α 片段。这个编码区中还插入了一个多克隆位点(multiple cloning sites,MCS),但并没有破坏 *lacZ* 的阅读框架,不影响其正常功能。转化中使用的突变型工程宿主菌可表达生成 β-半乳糖苷酶近 C 端的 ω 片段。单独存在的 α 及 ω 片段均无 β-半乳糖苷酶活性,只有质粒载体转入宿主细胞后,同时表达两片段时,宿主菌才表达 β-半乳糖苷酶活性,使无色的作用底物 X-Gal(5-溴-4-氯-3-吲哚-β-D-半乳糖苷)生成蓝色的产物而显色出来,此即所谓的 α-互补。由 α-互补产生的 *lacZ*⁺ 细菌在含 X-Gal 的 LB 固体培养基上生长形成蓝色菌落,很容易识别。而当外源目的 DNA 片段插入质粒的多克隆位点后,几乎不可避免地会破坏 *lacZ* 编码区的阅读框架,导致产生无 α-互补能力的氨基酸片段。因此在含 X-Gal 的 LB 固体培养基上,重组质粒转化成功的大肠杆菌形成白色菌落。

阳性细菌菌落筛选出来后,还需对其内所含重组质粒进行鉴定。常采用相应限制性核酸内切酶酶切的方法来进行鉴定,同时设置未被酶切的对照组,并将其与酶切产物同时进行琼脂糖凝胶电泳,通过凝胶成像进行观察、分析和鉴定。此外,还可采用 PCR 的方法进行鉴定;也可对重组质粒做 DNA 测序,这是最为准确的鉴定方法。

三、材料、试剂与仪器

1. 材料

目的基因 PCR 扩增胶回收产物、DH5α 感受态细胞。

2. 试剂

氨苄西林 Amp(50mg/ml,−20℃保存)、X-Gal(20mg/ml,−20℃避光保存)、

异丙基硫代-β-D-半乳糖苷（IPTG）溶液（200mg/ml，−20℃保存）、LB液体培养基、pMD18-T Vector 试剂盒（表8-1）。

表 8-1　pMD18-T Vector 试剂盒内容

制品内容	
pMD 18-T（50ng/μl）	20μl×1 支
Control Insert（50ng/μl）	10μl×1 支
Solution Ⅰ *	75μl×2 支
储藏温度	−20℃

*. 使用时请于冰中溶解

3. 仪器

恒温摇床、恒温水浴箱、37℃培养箱、微量移液器、铺菌器、培养皿等。

四、实验步骤

按 pMD18-T Vector 试剂盒操作说明进行。

（1）在微量离心管中配制下列连接反应体系，总量为 5μl。

pMD 18-T Vector（50ng/μl）	1μl
Insert DNA	0.1～0.3pmol
ddH$_2$O	补足 5μl

注意：取 0.5μl pMD18-T Vector 进行实验也可得到满意的结果，实际操作时，可按实验需要确定 T 载体的使用量，pMD18-T Vector 1μl（50ng）的物质的量约为 0.03pmol；连接时，Vector DNA 和 Insert DNA 的物质的量比一般为（1∶2）～（1∶10）。

（2）加入 5μl（等量）的 Solution Ⅰ（内含 T4 连接酶及相应的连接反应缓冲液）。

（3）16℃反应 30min（16℃反应过夜连接更完全）。

（4）全量（10μl）加入 200μl DH5α 感受态细胞中，冰上放置 30min。

（5）恒温水浴箱中 42℃热激 90s 后，迅速转移至冰中放置 5min。

（6）加入 800μl LB 液体培养基，置恒温摇床 37℃振荡培养 45min 使细菌复苏（如果想得到更高的转化效率，在复苏期，应温和地摇动细胞，转速不超过 225r/min）。

（7）取 200μl 培养菌液，加入含有 40μl X-Gal（20mg/ml）、4μl IPTG（200mg/ml）及 50μg/ml Amp 的 LB 固体培养基上，以消毒的铺菌器旋转铺匀，室温放置几分

钟至液体被吸收。

(8) 倒置平板于 37℃培养 12～16h 后可出现菌落。

(9) 观察生成的白色及蓝色菌落。挑选白色单菌落进行培养扩菌后，提取重组质粒并酶切鉴定。

五、注意事项

(1) Insert DNA（PCR 产物）应该进行胶回收纯化处理后才能进行载体连接，尽量避免引物等其他杂质的存在，否则 PCR 产物中的短片段 DNA（甚至是电泳也无法确认的非特异性小片段）及残存引物等都会影响克隆效率。

(2) 连接反应请在 25℃以下进行，温度升高（>26℃）时黏性末端分子形成的氢键配对结构极不稳定，较难形成环状 DNA。连接效率偏低时，可适当延长连接反应时间。室温（25℃）也能进行正常连接反应，但反应效率稍微降低；5min 也能进行正常连接反应，但反应效率稍有降低。长片段 PCR 产物（2kb 以上）进行 DNA 克隆时，需延长连接反应时间。

(3) 直接进行转化的连接液不要超过 20μl。当要转化的 DNA 量较大或准备进行电转化时，需对连接液进行乙醇沉淀，纯化 DNA 后再进行转化。进行乙醇沉淀时使用核酸共沉剂可以提高 DNA 的回收率。

(4) 由于载体上的多克隆酶切位点被破坏，因此使用此载体克隆 PCR 产物时，注意应在 PCR 引物上设计导入酶切位点，否则将会难以切下 DNA 片段进行其他亚克隆实验。

(5) 基因工程的载体应具有以下一些基本性质：①在宿主细胞中有独立的复制和表达能力，这样才能使外源重组 DNA 片段得以扩增；②相对分子质量尽可能小，以利于在宿主细胞中有较多的拷贝，便于结合更大的外源 DNA 片段，同时，在实验操作中也不易被机械剪切而破坏；③载体分子中最好具有两个以上容易检测的遗传标记（如抗药性标记基因），以赋予宿主细胞不同的表型特征（如对抗生素的抗性）；④载体本身最好具有尽可能多的限制酶单一切点，为避开外源 DNA 片段中限制酶位点的干扰提供更大的选择范围。若载体上的单一酶切位点是位于检测表型的标记基因之内可造成插入失活，则更有利于重组子的筛选。

(6) 转化时请使用高效的热转化感受态细胞，这样才可能得到比较理想的阳性克隆。如需进行蓝白斑筛选时，宿主细胞必须具有正确的基因型（可编码表达生成 β-半乳糖苷酶 ω 片段，产生 α-互补作用）。

(7) 42℃热激很关键，温度及热激时间都要精准，转移速度也要快。

(8) 菌液涂皿操作应避免反复来回涂布，因为感受态细菌的细胞壁有了变化，过多的机械挤压涂布会使细胞破裂，影响转化效率。

(9) 若想提高转化效率，实验中需考虑以下几个重要因素：

1）用于转化的感受态细胞的状态：感受态细胞的生长状态和密度均会影响转化效率。转化过程所用感受态细胞的制备方法详见实验七。

2）质粒的质量和浓度：用于转化的质粒 DNA 应主要是超螺旋 DNA（cccDNA）。转化效率与外源 DNA 的浓度在一定范围内成正比。但当加入的外源 DNA 的量过多或体积过大时，转化效率就会降低。1ng 的 cccDNA 即可使 50μl 的感受态细胞达到饱和。一般情况下，DNA 溶液的体积不应超过感受态细胞体积的 5%。

3）试剂的质量：所用试剂，如 $CaCl_2$ 等均需是最高纯度的（GR 或 AR），并用超纯水配制，最好分装保存于干燥冷暗处。

4）防止杂菌和杂 DNA 的污染：整个操作过程均应在无菌条件下进行，所用器皿和耗材（如离心管及吸头等）最好是新的，并经高压灭菌处理。所有的试剂都要灭菌，且注意防止被其他试剂、DNA 酶或杂 DNA 污染，否则均会影响转化效率或导致杂 DNA 的转入，为后续筛选和鉴定带来不必要的麻烦。

(10) 转化后的菌落全为蓝色，但有目的 DNA 片段的插入，其原因可能是插入的 DNA 片段较短（小于 500bp），且插入片段没有影响 *lacZ* 基因的阅读框，此时平板培养基上出现的菌落有可能呈现蓝色（或淡蓝色）。

六、思考题

1. 简述 DNA 重组中载体的选择原则。
2. 简述减少内切酶切割后载体或目的基因自身环化的方法。
3. 简述影响转化效率的因素。
4. 转化后的菌落全为蓝色，但有目的 DNA 片段的插入，这是为什么？
5. 简述蓝白斑筛选的原理。

（唐 利）

实验九 碱裂解法小量提取质粒 DNA

一、实验目的

1. 掌握最常用的提取质粒 DNA 的方法。
2. 了解制备原理及各种试剂的作用。

二、实验原理

从大肠杆菌中分离质粒 DNA 方法众多，常用的有：碱裂解法、煮沸裂解法、SDS 裂解法。纯化质粒 DNA 的方法可以采用：酚-氯仿抽提法、乙醇沉淀法、异丙醇沉淀法、聚乙二醇沉淀法、羟基磷灰石层析法、氯化铯-溴化乙锭梯度离心法等。

其中，碱裂解法是最常用的提取质粒 DNA 的方法。其优点是收获率高，适于多数的菌株，所得产物经纯化后可满足多数的 DNA 重组操作。

十二烷基磺酸钠（SDS）是一种阴离子表面活性剂，它既能使细菌细胞裂解，又能使一些蛋白质变性。用 NaOH 和 SDS 处理细菌后，会导致细菌细胞破裂，释放出质粒 DNA 和染色体 DNA。两种 DNA 在强碱环境都会变性。由于质粒和主染色体的拓扑结构不同，变性时前者虽然两条链分离，却仍然缠绕在一起不分开；但后者完全变性分离甚至出现断裂。因此，加入 pH 4.8 的酸性乙酸钾降低溶液 pH，使溶液 pH 恢复至较低的近中性水平时，质粒的两条小分子单链可迅速复性并恢复双链结构，而主染色体 DNA 则难以复性。高速离心后，大部分主染色体与细胞碎片、杂质等缠绕一起被沉淀，而可溶性的质粒 DNA 留在上清液中。再由无水乙醇或异丙醇沉淀、洗涤后，可得到纯化的质粒 DNA。碱裂解法提取的质粒 DNA 可直接用于酶切、PCR 扩增、银染序列分析等。

三、材料、试剂与仪器

1. 材料

大肠杆菌 DH5α 含 CD80 与 T 载体重组质粒。

2. 试剂

（1）溶液 I：50mmol/L 葡萄糖，10mmol/L EDTA，25mmol/L Tris-HCl（pH 8.0）。

溶液Ⅰ可成批配制，经高压蒸气灭菌15min，储存于4℃。葡萄糖的作用是增加溶液的黏度，使悬浮后的大肠杆菌不会很快沉积到离心管的底部，维持渗透压及防止DNA受机械剪切力作用而降解。EDTA是Ca^{2+}和Mg^{2+}等二价金属离子的螯合剂，在溶液Ⅰ中加入EDTA，目的是把大肠杆菌细胞中的二价金属离子都螯合掉，从而抑制DNase对DNA的降解和抑制微生物生长的作用。

（2）溶液Ⅱ：0.2mol/L NaOH（内含1%的SDS）。溶液Ⅱ需现用现配，要求现配溶液Ⅱ是为了避免NaOH接触空气中的CO_2而减弱了碱性。NaOH是最佳溶解细胞的试剂。不管是大肠杆菌细胞还是哺乳动物细胞，遇到碱都会瞬间溶解，这是由于细胞膜发生了从双层膜结构向微囊结构的相变化。用不新鲜的0.4mol/L NaOH，即便有SDS也无法有效溶解大肠杆菌细胞。而SDS是离子型表面活性剂，它的主要作用是：①溶解细胞膜上的脂质与蛋白质，从而破坏细胞膜；②解聚细胞中的核蛋白；③能与蛋白质结合为复合物，使蛋白质变性而沉淀下来。由于SDS具有抑制核糖核酸酶的作用，会干扰实验中加入的RNase对RNA的分解作用，因此在接下来的提取过程必须把它去除干净，以便下一步实验更好进行。

（3）溶液Ⅲ：pH 4.8乙酸钾溶液（60ml 5mol/L KAc，11.5ml冰醋酸，加ddH_2O定容至100ml）。该溶液钾离子浓度为3mol/L，乙酸根离子浓度为5mol/L。乙酸钾溶液中加入冰醋酸是为了把抽提液的pH调至中性，从而使变性的质粒DNA复性，且稳定存在。加入溶液Ⅲ后产生的沉淀实际上是K^+置换SDS中的Na^+形成了不溶性的十二烷基硫酸钾（potassium dodecylsulfate，PDS）。由于PDS易于结合蛋白质，而高浓度的盐有利于PDS-蛋白复合物凝聚，这样，加入溶液Ⅲ后，可以将变性的大分子染色体DNA、RNA及PDS-蛋白复合物凝聚共沉淀下来，而复性的质粒DNA仍溶于上清中。经过高速离心，去除沉淀，就可以把质粒DNA提纯出来。

（4）无水乙醇。DNA溶液是DNA以水合状态稳定存在的。乙醇可以以任意比例和水相混溶，同时乙醇与核酸不起化学反应，因此乙醇是理想的沉淀剂。加入乙醇后，乙醇会夺去DNA周围的水分子，DNA失水聚合。一般实验中，加两倍体积的无水乙醇与DNA相混合，其中乙醇的最终含量占67%左右。也可改用95%乙醇来替代无水乙醇，但是加95%乙醇使总体积增大，而DNA在水溶液中有一定程度的溶解，因而DNA损失也增大。尤其用多次乙醇沉淀时，会影响收获率。折中的做法是初次沉淀DNA时可用95%乙醇代替无水乙醇，最后的沉淀步骤要使用无水乙醇。也可以用0.6倍体积的异丙醇选择性沉淀DNA，但因为使用异丙醇时常把盐沉淀下来，所以使用较多的还是乙醇。

（5）70%乙醇。70%乙醇的作用是漂洗溶解沉淀中的盐分，以便离心后去除盐杂质，从而进一步纯化质粒DNA。如果纯化的质粒DNA溶液中含有盐分，可能会影响后续实验中加入的限制性内切酶的活性。

（6）pH 8.0 TE缓冲液：10mmol/L Tris-HCl，1mmol/L EDTA，其中含RNase

20μg/ml。pH 8.0 TE 缓冲液是常用的 DNA 保存液。在基因操作实验中，选择缓冲液的主要原则是考虑 DNA 的稳定性及缓冲液成分的干扰作用。磷酸盐缓冲系统（pK_a=7.2）和硼酸系统（pK_a=9.24）等虽然也都符合细胞内环境的生理 pH 范围，可作为 DNA 的保存液，但在转化实验时，磷酸根离子与 Ca^{2+} 会生成 $Ca_3(PO_4)_2$ 沉淀。由于采用 Tris-HCl（pK_a=8.0）的缓冲系统，不存在金属离子的干扰作用，因此在提取或保存 DNA 时，大都采用 Tris-HCl 系统。而 TE 缓冲液中的 EDTA 更能稳定 DNA 的活性。用 Tris 调节溶液 pH 为 8.0 是因为 DNA 在碱性条件下比较稳定。加入 RNase 是为了去除提取物中的 RNA，从而得到纯化的质粒 DNA 溶液。

3. 实验仪器

离心机、微量移液器、恒温摇床。

四、实验步骤

（1）挑取 LB 固体培养基上生长的大肠杆菌单菌落，接种于 2.0ml LB（含相应抗生素）液体培养基中，37℃振荡培养过夜（12～14h）。

（2）取 1.5ml 对数生长期的培养菌液，加入 EP 管中，室温 12 000r/min 离心 30s。弃培养液，将离心管倒置，使液体尽可能流尽。

（3）在细菌沉淀中加入 100μl 冰预冷的溶液Ⅰ，用微量移液器吸头打散沉淀的细菌，使菌液均匀悬于溶液中。

（4）加入 200μl 溶液Ⅱ，上下颠倒 EP 管混匀 6 次，并将离心管放置于冰上。注意动作要轻柔，碱处理的时间要短，不得剧烈振荡。否则基因组 DNA 可能断裂成 50～100kb 大小的片段，无法被 PDS 共沉淀，最后得到的质粒溶液中会有大量的基因组 DNA。

（5）再加入 150μl 冰预冷的溶液Ⅲ，将 EP 管小心颠倒数次混匀，可见白色絮状沉淀生成。然后在冰上放置 3～5min。

（6）4℃，12 000r/min 离心 5min，小心吸取上清于另一离心管中（注意不得混入蛋白质沉淀）。

（7）在有上清的 EP 管中加入两倍体积（约 1ml）的无水乙醇，振荡混合，室温放置 2min。

（8）4℃，12 000r/min 离心 5min，小心吸去上清，将离心管倒置于一张纸巾上，以使所有液体流出。

（9）加入 1ml 70%乙醇洗涤 DNA 沉淀，4℃，12 000r/min 离心 1min。

（10）小心吸去上清液，在空气中干燥核酸沉淀 10min。

（11）加入 50μl TE 缓冲液重新溶解质粒 DNA，-20℃冻存。

注意：如果小量制备的 DNA 不能被限制酶切开，很可能是在抽提的 DNA 液中盐分物质未被除净。这种情况下，可用酚：氯仿抽提 DNA 终产物，然后用乙醇重新沉淀 DNA。

附：柱式提取质粒 DNA

柱式提取质粒 DNA 试剂盒的原理仍然基于碱裂解法。

试剂盒可以方便地从少量菌液（依据菌体浓度，起始菌液量为 1～5ml）中快速抽提大小在 10kb 以下的质粒，用于酶切、连接、测序等大部分日常实验。

一、准备工作

（1）确保洗涤液 W1 已经按标签提示加入了无水乙醇。

（2）在细菌悬浮液 P1 中加入随附的 RNase A 至终浓度为 100μg/ml，混匀。储存于 4℃。

二、实验步骤

（1）取 1.5ml 菌液置于 EP 管中，12 000r/min（13 400×g）离心 30s，弃培养液。

（2）在细菌沉淀中加入 250μl 细菌悬浮液 P1，振荡至彻底悬浮。

（3）加入 250μl 碱裂解液 P2，立即温和颠倒离心管 5～10 次以混匀。室温静置 4min 使体系变清亮（如果是同时抽提多个样品，加入一管，混匀一管，计时从加入第一管时开始；静置时间长短取决于菌体量，菌体多，时间长，但绝不要超过 5min）。

（4）加入 350μl 中和液 P3，立即温和颠倒离心管 5～10 次以混匀（如果是同时抽提多个样品，加入一管，混匀一管）。

（5）12 000r/min 离心 10min。将上清液小心移入吸附柱，离心 30s。倒掉收集管中液体，将吸附柱放回收集管。

（6）在吸附柱中加入 250μl 清洗液 B1，再在吸附柱中加入 250μl 清洗液 SW，静置 1min 后，12 000r/min 离心 30s。倒掉收集管中液体，将吸附柱放回收集管。

（7）在吸附柱中加入 500μl 洗涤液 W1，12 000r/min 离心 30s。倒掉收集管中液体，将吸附柱放回收集管。

（8）在吸附柱中加入 500μl 洗涤液 W1，静置 1min 后，12 000r/min 离心 30s。倒掉收集管中液体，将吸附柱放回收集管。

（9）12 000r/min 离心 1min（此步骤绝对不可以省略或者调整）。

（10）将吸附柱移入一个干净的 1.5ml 离心管中，在吸附膜中央加入 40～50μl 洗脱液 T1，室温静置 1min 后，12 000r/min 离心 1min。将离心后收集的 DNA 溶液置于-20℃保存。

三、常见问题及解决方法

未提出质粒或质粒得率较低的原因及对策分析如下。

（1）大肠杆菌老化：涂布平板培养后，重新挑选新菌落进行液体培养。

（2）质粒拷贝数低：由于使用低拷贝数载体引起的质粒 DNA 提取量低，可更换具有相同功能的高拷贝数载体。

（3）菌体中无质粒：有些质粒本身不能在某些菌种中稳定存在，经多次转接后有可能造成质粒丢失。

（4）碱裂解不充分：使用过多菌体培养液，会导致菌体裂解不充分，可减少菌体用量或增加溶液的用量；对低拷贝数质粒，提取时可加大菌体用量并加倍使用溶液，可以有助于增加质粒提取量和提高质粒质量。

（5）溶液使用不当：溶液Ⅱ在温度较低时可能出现浑浊，应置于 37℃保温片刻直至溶解转为清亮，才能使用。

四、思考题

1. 简述溶液Ⅰ、溶液Ⅱ、溶液Ⅲ所包含成分及其生化作用。
2. 简述从核酸溶液中去除蛋白质的方法及其原理。
3. 小量制备获得质粒 DNA 后，发现质粒 DNA 不能被限制酶所切割，分析可能原因及解决办法。

（杨向东　唐　利）

实验十 质粒 DNA 限制性内切酶实验

一、实验目的

掌握限制性内切酶切割核酸的原理与技术。

二、实验原理

限制性核酸内切酶（restriction endonuclease，RE）是一类具有严格识别位点，并在识别位点内或附近切割特异性双链 DNA 的脱氧核糖核酸酶，是体外剪切基因片段的重要工具，常与核酸聚合酶、连接酶及末端修饰酶等一起被称为工具酶。瑞士生物学家阿尔伯（Wemer Arber）、美国微生物学家内森斯（Danien Nathans）和美国微生物学家史密斯（Hamilton O. Smith）由于限制性核酸内切酶的发现及其在分子遗传学中的应用，为遗传工程的产生拉开了序幕而获得 1978 年诺贝尔生理学或医学奖。DNA 限制酶可分为以下三类。

第一类（Ⅰ型）限制性内切酶能识别专一的核苷酸序列，它们在识别位点很远的地方任意切割 DNA 链，其切割的核苷酸顺序没有专一性，是随机的。这类限制性内切酶在 DNA 重组技术或基因工程中用处不大，无法用于分析 DNA 结构或克隆基因，这类酶如 *Eco* B、*Eco* K。

第二类（Ⅱ型）限制性内切酶能识别专一的核苷酸序列，并在该序列内的固定位置上切割双链。由于这类限制性内切酶识别和切割的核苷酸都是专一的，因此，这类限制性内切酶是 DNA 重组技术中最常用的工具酶之一。其切割部位大都具有特殊的回文序列，也就是在切割部位，一条链正向阅读的碱基序列与另一条链反向阅读的序列完全一致。

第三类（Ⅲ型）限制性内切酶有专一的识别序列，在识别序列旁边几个核苷酸对的固定位置上切割双链，但这几个核苷酸对不是特异性的。这种限制性内切酶切割后产生一定长度的 DNA 片段，具有各种单链末端，不能应用于基因克隆。

酶活性单位的定义：在最适反应条件下反应 1h，将 1μg 的 λDNA 完全分解的酶量定义为 1 个活性单位（U）。需注意酶单位数是以切割线性 DNA 为标准定出的。消化其他种类的 DNA 则应根据 DNA 分子大小、形状适当增加或减少所需的酶量。影响限制性内切酶活性的因素包括 DNA 的纯度、缓冲液、温度及酶本身。

DNA 甲基化、附有蛋白质或高分子量 DNA 胶体溶液太黏稠均会降低内切酶的消化效率。不同的限制性内切酶对缓冲液中盐浓度的要求各不相同。一般配制高盐、中盐、低盐 3 种缓冲液用于限制性酶反应。用两种酶消化 DNA，若两种酶所需盐浓度相同时，消化可同时进行；若是需要的盐浓度不相同，则必须先用低盐浓度的限制性内切酶消化完成后，再调整到高盐缓冲系统，加入需高盐浓度的内切酶继续消化。

一般来说，质粒 DNA 通常都具有一个或者多个限制性内切酶酶切识别序列，可以被相应的限制性内切酶切出相应数量的切口，从而产生相应数量的酶切片段。以标准分子质量 DNA Marker 作为对照，通过琼脂糖凝胶电泳或聚丙烯酰胺凝胶电泳分离，溴化乙锭染色后，紫外光下观察拍照，可确定样品酶切片段的分子大小。

三、材料、试剂与仪器

1. 材料

样品 DNA：如 pET22b（+）-IL 重组质粒，−20℃储存。

2. 试剂

（1）限制性内切酶：如 *Bam*H I、*Xho* I 等，−20℃储存。
（2）标准分子质量 DNA Marker。
（3）限制性内切酶缓冲液。

3. 仪器

恒温水浴箱、电泳仪、微量移液器、EP 管、微量移液器吸头等。

四、实验步骤

1. DNA 的限制性内切酶消化

（1）反应体系如下。

dH$_2$O	4.0μl
Buffer	4.0μl
质粒 DNA	6.0μl
*Bam*H I	0.5μl
Xho I	0.5μl

（2）37℃恒温酶解 2～12h。

2. DNA 酶解片段的电泳分析

将双酶切反应液 15μl 和上样缓冲液 3μl（内含蔗糖和溴酚蓝指示剂）混匀；另取标准分子质量 DNA Marker 5～10μl，分别加入 1%～2%的 TAE 琼脂糖凝胶（含 0.5μg/ml 溴化乙锭），进行水平电泳。电压<5V/cm，时间 1h 左右。电泳完成后在紫外灯下观察酶切 DNA 琼脂糖凝胶电泳结果，也可使用凝胶成像仪拍照分析。结果如图 10-1 所示。

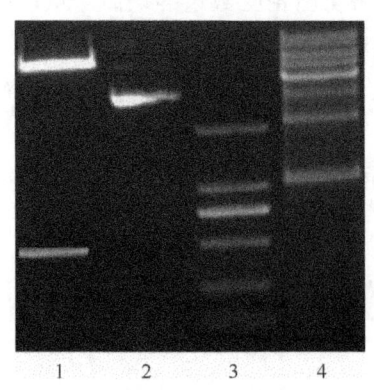

图 10-1　TA-IL-2 阳性克隆酶切鉴定电泳图

1 泳道.pET22b（+）-IL-2 重组质粒双酶切产物；2 泳道.pET22b（+）质粒；3 泳道.Marker 1
（从上至下依次为 2000bp、1000bp、750bp、500bp、250bp、100bp）；4 泳道.Marker 2
（从上到下依次为 10kb、8kb、6kb、5kb、4kb、3kb、2kb、1kb）

五、注意事项

（1）分子克隆是微量操作技术，DNA 样品与限制性内切酶的用量都极少，必须严格注意吸样量的准确性并确保全部加入反应体系中。

（2）要注意酶切时加样的次序，一般次序为水、缓冲液、DNA 样品等试剂，最后才加酶液。取液时，微量移液器吸头要从溶液表面吸取，以防止微量移液器吸头沾去过多的液体与酶，待用的内切酶要放在冰浴内，用后盖紧瓶盖，立即放回–20℃冰箱，防止限制性内切酶失活。

（3）由于在限制性内切酶消化反应中，甘油浓度超过 5%（V/V）会抑制内切酶活性具有星号活性，而内切酶一般均保存在 50%的甘油缓冲液中，因此在酶切反应体系中，加入的内切酶量不得超出总体积的 10%。

（4）凡用在酶切反应中的一切塑料器皿（EP 管、微量移液器吸头等），都应使用新的，湿热灭菌，置 50℃烘箱中烘干。使用前打开灭菌包，用镊子夹取，不得直接用手拿，严防污染。

（5）由于温差原因，往往在 EP 管瓶盖上会沾有水汽，因此样品酶切完毕后可离心集中管内溶液，否则会发现酶切后体积减小。

六、思考题

1. 简述限制性核酸内切酶在分子生物学中的应用。
2. 简介限制性核酸内切酶的命名方法。
3. 影响限制性酶切因素有哪些？DNA 未被酶切或者酶切不完全，你认为原因可能是什么？

（曹　勇）

实验十一　原核细胞中外源基因的表达和初步纯化

一、实验目的

1. 了解利用乳糖启动子在原核细胞中表达外源蛋白的方法。
2. 掌握带 His 标签蛋白的纯化原理和方法。

二、实验原理

在原核生物中表达蛋白质的载体常用启动子有 T7 启动子、Trp 启动子、Tac 启动子（乳糖和色氨酸的杂合启动子）、T7 噬菌体中基因 10 的启动子及 Lac 启动子（乳糖启动子）等。Lac 启动子受分解代谢系统活化蛋白和 cAMP 的正调控和阻遏物的负调控，当加入乳糖或某些类似物（IPTG）可与阻遏蛋白形成复合物，使阻遏蛋白构型改变，阻遏蛋白不再与操纵基因结合，从而使结构基因表达。实际操作中用 Lac 启动子的衍生物 LacUV5 启动子，它在只有乳糖或 IPTG 存在时才能启动转录。

根据原核生物基因表达特点选择载体进行目的基因克隆，然后转入相应的菌种中表达目的蛋白。为了使蛋白质在纯化过程中不被降解，可用多种蛋白酶抑制剂，而且纯化过程需在 4℃进行。为了便于目的蛋白的纯化，常将谷胱甘肽 S-转移酶（GST）、6×组氨酸（6×His）加在目的蛋白的 N 端或 C 端。6×组氨酸可以与镍离子（Ni^{2+}）结合。与 Ni^{2+} 偶联的融合蛋白质可以用咪唑洗脱，也可用蛋白酶切割从固相支持物上释放出来。

6×His 能与多种过渡金属和过渡金属螯合物结合，因此带暴露的 6×His 能结合于固化 Ni^{2+} 树脂，用适当的缓冲液冲洗去除其他蛋白质后，再用可溶的竞争性螯合剂洗脱可以回收靶蛋白。由于天然蛋白质一般对这类基质的亲和力都不高，重组技术产生的 6×His 标记蛋白质就能用金属螯合亲和色谱一步纯化，那些确实与基质结合的天然蛋白质几乎都可以经第二步层析去除。金属螯合层析不仅非常有效，而且对适当的蛋白质折叠、离子强度、去污剂相对不敏感，因此得到普遍应用。鉴于其高效、高容量、强力浓缩和快速的特点，该方法应用作纯化方案的第一步，有时也是唯一一步。

如果需要利用金属螯合层析进行纯化，首选必须在靶蛋白暴露的相对柔性的位点引入 6×His 序列，一般是在氨基端或羧基端。也可在 6×His 序列与靶序列之间引入蛋白酶切割位点，以便纯化后除去 6×His。金属螯合层析纯化在天然和变性条件（含 8mol/L 尿素或 6mol/L 盐酸胍）下都可以进行。任何螯合剂对金属螯合层析都有干扰，因此抽提和层析所用缓冲液不能含有 EDTA 或 EGTA。用 1～5mmol/L 单巯基化合物如 β-巯基乙醇而不要用 DTT。靶蛋白用螯合剂如咪唑或 EDTA 洗脱，由于咪唑的选择性更好，因此应尽可能使用咪唑。50～100mmol/L pH 7～8 的咪唑通常能实现有效洗脱。

三、材料、试剂与仪器

（1）E.coli BL21(DE3)-pET22b 菌株、BL21(DE3)-pET22b-IL 菌株。

（2）LB 培养基、氨苄西林、考马斯亮蓝溶液、5×SDS 上样缓冲液、凝胶、苯甲基磺酰氟（phenylmethanesulfonyl fluoride，PMSF）、His·Bind 纯化柱、1×Ni-NTA 结合缓冲液：10mmol/L Tris-HCl pH 8.0，沉淀洗涤液 1（4mol/L 尿素+300mmol/L NaCl+10mmol/L Tris-HCl pH 8.0），沉淀洗涤液 2（10mmol/L Tris-HCl pH 8.0+300mmol/L NaCl），变性剂（8mol/L 尿素+300mmol/L NaCl+10mmol/L DTT+10mmol/L Tris-HCl pH 8.0），洗脱液 A（500mmol/L 咪唑+300mmol/L NaCl+10mmol/L Tris-HCl pH 8.0），洗脱液 B（8mol/L 尿素+300mmol/L NaCl+10mmol/L Tris-HCl pH 8.0），洗脱液 A 和洗脱液 B 混合后分别配成 200mmol/L、300mmol/L、500mmol/L 的咪唑洗脱缓冲液。

（3）振荡培养箱、离心机。

四、实验步骤

（一）诱导靶蛋白的表达

（1）从对照菌 BL21(DE3)-pET22b 菌株和重组菌 BL21(DE3)-pET22b-IL 菌株中分别挑取一个菌落，接入含有 2ml LB 液体培养基或 SOB 培养基的试管中，于 37℃ 培养过夜。

（2）取 50μl 过夜培养物接入 4ml 含氨苄西林（50μg/ml）的 LB 培养液，37℃ 振荡培养 2h 以上，至对数中期。

（3）取出 1ml 未经诱导的培养物放在一个离心管中，12 000r/min 离心 1min，弃掉上清。

（4）在剩余培养物中加入 IPTG 至终浓度为 1mmol/L，37℃ 培养 4～5h。

（5）取 2ml 样品放于离心管中，室温 12 000r/min 离心 1min，弃掉上清。

(6) 沉淀悬于 100μl 1×SDS 上样缓冲液，沸水中煮 5~10min 使蛋白质变性，室温 12 000r/min 离心 1min，进行 SDS-PAGE。

(7) 考马斯亮蓝染色，观察表达产物条带，见图 11-1。

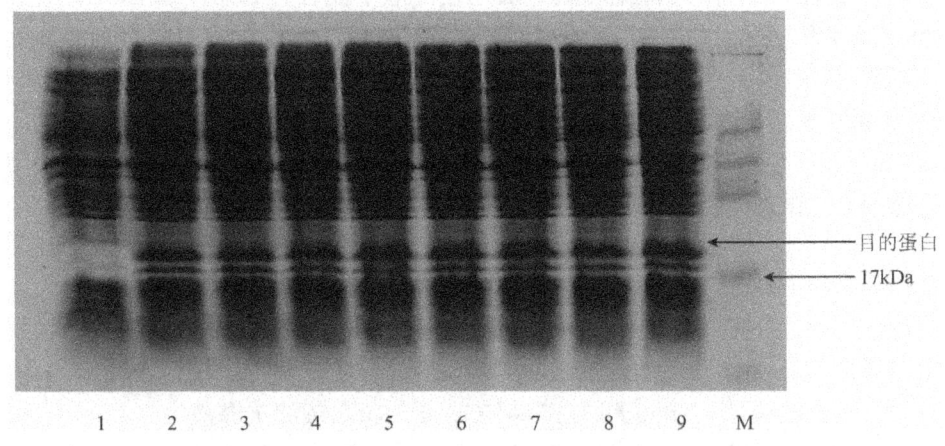

图 11-1　IL-2 蛋白表达情况 SDS-PAGE 检测电泳图

1 泳道．BL21（DE3）-pET22b 诱导表达全菌；2~9 泳道．BL21（DE3）-pET22b-IL 诱导表达全菌；M. Marker（自上而下分别为 10kDa、17kDa、26kDa、34kDa、55kDa、72kDa、95kDa、130kDa、170kDa）

（二）制备细胞抽提物

1. 可溶蛋白的制备

(1) 12 000r/min 离心 10min 收集菌体。弃上清，尽量去除培养基。按每 100ml 培养基所得菌体加入 4ml（1∶25，V/V）结合缓冲液。也可加入 NP40 或其他非离子型去污剂至终浓度 0.1%，以减少非特异性结合。若细菌菌体重悬困难，可使用匀浆器、搅拌器或超声仪帮助打散菌体。

(2) 将重悬菌液置于合适大小的容器中，超声破碎。超声过程中保持菌液处于冰浴或盐冰浴中。每超声 6s 停止 3s，共 10min。

(3) 裂解物 12 000r/min 离心 20min 除去细胞碎片。离心后上清经 0.45μm 滤膜过滤，防止上样后阻塞树脂（此步操作使用注射器式滤器更方便）。蛋白溶液在冰上可以短时存放（2~3h），也可在−20℃长时间存放直至下步分析。蛋白抽提液应该根据目的蛋白的活性要求温度存放，有些蛋白经冻融会失活。

2. 包涵体的制备

(1) 12 000r/min 离心 10min 收集菌体。弃上清，尽量去除培养基。按每 100ml 培养基所得菌体加入 20ml 结合缓冲液重悬菌体（取 2ml 菌液作为诱导前的对照，编号为①，取 2ml 诱导后的菌液，编号为②）。

（2）将重悬菌液置于合适大小的容器中，超声破碎。超声过程中保持菌液处于冰浴或盐冰浴中。每超声 6s 停止 3s，共 10min，取 40μl，编号为③。

（3）12 000r/min 离心 10min，包涵体和细胞碎片位于沉淀中，其他可溶蛋白部分位于上清中。取上清冻存，沉淀备用（取上清 40μl，编号为④）。

（4）将沉淀用 15ml 沉淀洗涤液 1 洗涤，12 000r/min 离心 10min，取上清冻存，沉淀备用。

（5）将沉淀用 15ml 沉淀洗涤液 2 洗涤，12 000r/min 离心 10min，取上清冻存，沉淀备用。

（6）将沉淀重悬于 5~10ml 变性剂中，4℃变性 2h 或过夜，15 000r/min 离心 10min 得上清备用（取出 40μl，编号为⑤），沉淀重悬后冻存，将得到的上清稀释 10 倍后复性过夜（取出 40μl，编号为⑥）。

（三）Ni 柱（预装柱）亲和纯化 His 标签蛋白

（1）将树脂上的结合缓冲液引流到柱底部。

（2）用缓冲液 10mmol/L Tris-HCl pH 8.0 洗 15min，流速调整为每小时 10 个柱体积。

（3）用 10 倍柱体积（10V）10mmol/L Tris-HCl pH 8.0+300mmol/L NaCl 洗柱，（10V）8mol/L 尿素+10mmol/L Tris-HCl pH 8.0+300mmol/L NaCl 平衡柱子。

（4）上述步骤获得的细胞裂解液上清上柱。

（5）收集穿透液（取出 40μl，编号为⑦）。

（6）8mol/L 尿素+10mmol/L Tris-HCl pH 8.0+300mmol/L NaCl+200mmol/L 咪唑洗涤，收集洗脱液。

（7）8mol/L 尿素+10mmol/L Tris-HCl pH 8.0+300mmol/L NaCl+300mmol/L 咪唑洗涤，收集洗脱液（取出 40μl，编号为⑧）。

（8）8mol/L 尿素+10mmol/L Tris-HCl pH 8.0+300mmol/L NaCl+500mmol/L 咪唑洗涤，收集洗脱液。

（9）用缓冲液 10mmol/L Tris-HCl pH 8.0 洗 15min，超纯水洗柱 15~20min。

（10）（10V）20%乙醇洗，20%乙醇保存。

（11）收集的①~⑧号样本加入 10μl 5×SDS 上样缓冲液，沸水中煮 5~10min 使蛋白质变性，室温 12 000r/min 离心 1min，进行 SDS-PAGE。

（12）考马斯亮蓝染色，观察表达产物条带，见图 11-2。

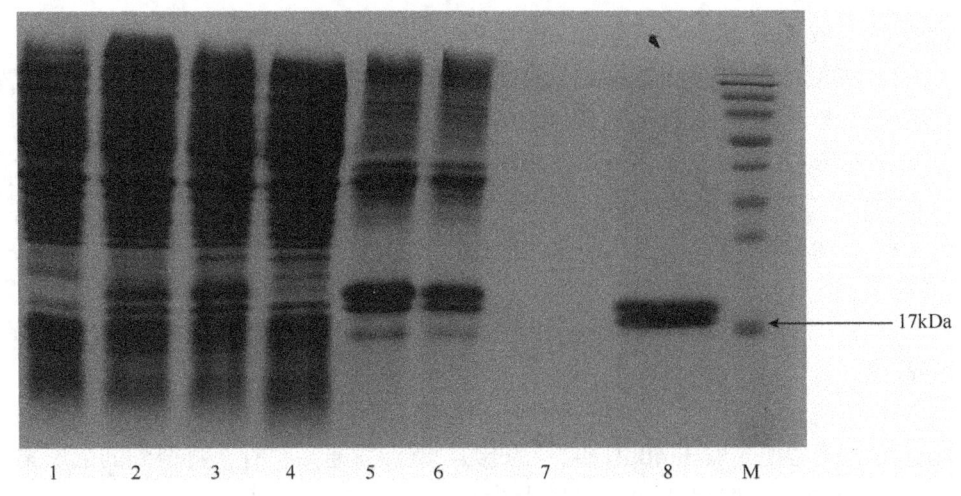

图 11-2　IL-2 蛋白纯化 SDS-PAGE 检测结果

1 泳道. BL21(DE3)-pET22b 诱导表达全菌；2 泳道. BL21(DE3)-pET22b-IL 诱导表达全菌；3 泳道. BL21(DE3)-pET22b-IL 诱导表达全菌超声破碎后菌液；4 泳道. 超声破碎离心后上清；5 泳道. 8mol/L 尿素变性后离心得到的上清；6 泳道. 过夜复性的复性液；7 泳道. 过 Ni-NTA 柱子的穿出液；8 泳道. 过 Ni-NTA 柱后的洗脱液；M. Marker（自下而上分别为 10kDa、17kDa、26kDa、34kDa、43kDa、55kDa、72kDa、95kDa、130kDa、170kDa）

（四）树脂再生

Ni-NTA His·Bind 树脂能否反复使用主要取决于样品的特性，只能在纯化同一种重组蛋白时树脂才可以反复使用。建议树脂再生不超过 5 次。如果 Ni-NTA 树脂由浅蓝色变为棕灰色就应该采用以下方法对树脂进行再生处理。采用以下步骤洗柱（1 倍体积即柱床体积）。

（1）2 倍体积再生缓冲液（6mol/L Gu-HCl，0.2mol/L 乙酸）。
（2）5 倍体积水。
（3）3 倍体积 2% SDS。
（4）1 倍体积 25%乙醇。
（5）1 倍体积 50%乙醇。
（6）1 倍体积 75%乙醇。
（7）5 倍体积无水乙醇。
（8）1 倍体积 75%乙醇。
（9）1 倍体积 50%乙醇。
（10）1 倍体积 25%乙醇。
（11）1 倍体积水。
（12）5 倍体积 100mmol/L EDTA，pH 8.0。
（13）10 倍体积水。

（14）2 倍体积 100mmol/L NiSO$_4$。
（15）2 倍体积水。
（16）2 倍体积再生缓冲液。
（17）2 倍体积适合的缓冲液平衡（如 1×Ni-NTA 结合缓冲液、buffer A 或 buffer B）。

五、注意事项

（1）克隆的外源基因不能带有内含子。
（2）外源基因与表达载体连接后，必须形成正确的开放阅读框。
（3）实验中为检测外源基因是否表达需设置两个阴性对照。一个是空载体在同样条件下诱导后的全菌，另一个是未诱导的含有重组质粒的菌液，二者缺一不可。
（4）不同外源基因诱导表达所需 IPTG 的浓度、温度及诱导时间不同。一般认为，在低温诱导 12～16h 有利于蛋白质的可溶性表达。
（5）IPTG 对细菌的生长有一定的抑制作用，因此不能过早加入 IPTG。
（6）不同的大肠杆菌表达载体带有不同的启动子和诱导成分，必须根据特定系统和用途决定相应的实验方案。

六、思考题

1. 简述诱导表达的原理。
2. 了解原核表达的特点。
3. 简述 Ni 柱（预装柱）亲和纯化 His 标签蛋白的原理。
4. 简述咪唑的作用。
5. 纯化的外源表达蛋白能做什么？

（何雪梅）

实验十二　十二烷基硫酸钠-聚丙烯酰胺凝胶电泳（SDS-PAGE）

一、实验目的

1. 了解 SDS-PAGE 实验原理及方法。
2. 掌握考马斯亮蓝染色原理。

二、实验原理

蛋白质的电泳分离是重要的生物化学分离纯化技术之一，电泳是指带电粒子在电场作用下，向着与其所带电荷相反的电极移动的现象。根据所采用的支持物不同，分为琼脂糖凝胶电泳、淀粉凝胶电泳、聚丙烯酰胺凝胶电泳等。其中，聚丙烯酰胺凝胶电泳（PAGE）由于无电渗作用、样品用量少（1~100μg）、分辨率高、凝胶机械强度大、重复性好及可以通过调节单体浓度或单体与交联剂的比例而得到孔径不同的凝胶等优点而得到广泛应用。

SDS-PAGE 是最常用的定性分析蛋白质的电泳方式，特别是用于蛋白质纯度检测和测定蛋白质相对分子质量。SDS 与蛋白质结合后形成 SDS-蛋白质复合物，SDS-蛋白质复合物上带有大量的负电荷，平均每两个氨基酸残基结合一个 SDS 分子，此时各种蛋白质分子本身的电荷完全被 SDS 掩盖，远远超过其原来所带的电荷，从而使蛋白质原来所带的电荷可以忽略不计，消除了不同分子之间原有的电荷差别，其电泳迁移率主要取决于亚基相对分子质量的大小，这样分离出的谱带为蛋白质的亚基。

三、材料、试剂与仪器

5×SDS 上样缓冲液、电泳缓冲液、考马斯亮蓝染液、脱色液、BIO-RAD 电泳仪。

四、实验步骤

（一）蛋白胶的制备

（1）取两块玻璃板对齐后放入夹中卡紧，然后垂直卡在架子上准备灌胶。

（2）分离胶的配制：按配方加入所需试剂配制 12%分离胶，加入 TEMED 后立即摇匀即可灌胶。然后再胶上加 1ml 水封液。当水和胶之间有一条折射线时，说明胶已凝固。一般静置 30min 可使胶充分凝固，倒去胶上层的水并用滤纸吸干水分。

（3）浓缩胶的配制：按需要配浓缩胶，加入 TEMED 后立即摇匀即可灌胶；剩余空间灌满浓缩胶后将梳子插入浓缩胶中；插梳子时要使梳子保持水平，待浓缩胶凝固后，两手分别捏住梳子的两边竖直向上轻轻将其拔出。

（二）蛋白样品的制备

（1）在蛋白样品中加入 5×SDS 上样缓冲液至缓冲液的终浓度为 1×SDS。
（2）沸水中煮 10min 使蛋白质变性，防止水分进入。
（3）上样前 12 000r/min 离心 1min。

（三）上样

（1）将玻板从夹中取下，固定在内槽中，加入足够的电泳缓冲液。
（2）取 20～50μl 蛋白样品（根据实验需要进行选择，没有固定的量）的溶液上样。上样时吸取上清，勿吸沉淀，也不要吸入气泡。将微量移液器吸头插至加样孔中缓慢加入样品。
（3）在外槽中加入适量电泳缓冲液，接通电源即可进行电泳。一般为 60V，30min；120V，60min。

（四）染色与脱色

（1）电泳完成后剥去浓缩胶，将分离胶置于适量考马斯亮蓝染色液中，确保染色液可以充分覆盖凝胶。
（2）置于水平摇床或侧摆摇床上缓慢摇动，室温染色 2h 或更长时间。
（3）倒出染色液。染色液可以回收重复使用至少 2 或 3 次。
（4）加入适量脱色液，确保脱色液可以充分覆盖凝胶。
（5）置于水平摇床或侧摆摇床上缓慢摇动，室温脱色 1～2h。期间更换脱色液 2～4 次，直至蓝色背景基本上全部被脱去，并且蛋白条带染色效果达到预期。完成脱色后，可以把凝胶保存在水中，用于后续的拍照等。

五、注意事项

（1）具体的染色时间取决于凝胶的厚度和染色时的温度。凝胶较厚，温度较低,则染色时间宜适当延长。凝胶较薄,温度较高,则染色时间可以适当缩短。通常染色至凝胶的颜色和染色液的颜色非常接近,在染色液中几乎看不清凝胶时,可以认为已染色充分。染色 2~4h 或更长时间不会对最终的染色效果产生负面影响。

(2)为了快速染色和脱色,可以在加入考马斯亮蓝染色液和脱色液后,微波炉加热至接近沸腾或刚刚沸腾,可以缩短染色和脱色时间,但灵敏度略低于常温染色。通常对于胶浓度大于 10% 的胶比较坚韧,在发生煮沸时不易被破损;对于胶浓度小于 10% 的胶,宜尽量避免煮沸,以免出现胶碎裂的情况。

(3)脱色期间可以在脱色液中加入一片吸水纸,可以使部分染料吸附在吸水纸上,加快脱色。脱色时间过长也会导致蛋白条带的颜色变浅。

(4)保存在水中的凝胶会发生溶胀。如需避免溶胀,可以把胶保存在含 20% 甘油的水中。长期保存可以制备干胶。

六、思考题

1. 简述浓缩胶与分离胶的作用。
2. 简述 SDS-PAGE 分离蛋白质的原理。

(何雪梅)

实验十三　真核细胞中外源基因的表达

一、实验目的

1. 掌握脂质体转染的原理及方法。
2. 了解转染的其他方法。

二、实验原理

转染（transfection）指真核细胞由于外源 DNA 导入而获得新的遗传标志的过程。外源基因导入细胞主要有 3 类方法：生化方法、物理方法及病毒介导法。生化方法包括磷酸钙法和脂质体法，它们均是利用不同的载体物质携带质粒通过直接穿膜或者膜融合的方法使得外源基因进入细胞。物理方法主要指电击法，是在细胞上短时间暂时性的穿孔让外源质粒进入。病毒介导法是利用包装了外源基因的病毒感染细胞的方法使得其进入细胞。由于电击法和磷酸钙法的实验条件控制较严、难度较大，病毒法的前期准备较复杂、而且可能对于细胞有较大影响；因此现在对于很多普通细胞系多采用脂质体法。

转染的方式有两种：瞬时转染与稳定转染。前者外源 DNA（RNA）不整合到宿主染色体中，因此一个宿主细胞中可存在多个拷贝数，产生高水平的表达，但通常只持续几天，多用于启动子和其他调控元件的分析。一般来说，超螺旋质粒 DNA 转染效率较高，在转染后 24～72h 内（依赖于各种不同的构建）分析结果，常常用到一些报告系统如荧光蛋白、β-半乳糖苷酶等来帮助检测。稳定转染，外源 DNA 既可以整合到宿主染色体中，也可以作为一种游离体（episome）存在。尽管线性 DNA 比超螺旋 DNA 转入量低但整合率高。外源 DNA 整合到染色体中概率很小，大约 $1/10^4$ 转染细胞能整合，通常需要通过一些选择性标记，如 G418、赖氨丙基转移酶（APH，新霉素抗性基因）、潮霉素 B 磷酸转移酶（HPH）、胸苷激酶（TK）等反复筛选，得到稳定转染的同源细胞系。

三、材料、试剂与仪器

台式离心机、CO_2 细胞培养箱、倒置显微镜和荧光显微镜。

HeLa 细胞、IL-2-EGFP 表达质粒、DMEM 培养基、MEM 培养基、链霉素/青霉素（双抗）、FCS（小牛血清）、PBS（磷酸盐缓冲溶液）、胰酶/EDTA 消化液、转染试剂。

四、实验步骤

（一）瞬时转染

（1）转染前一天将 $1\times10^5\sim2\times10^5$ 细胞接种于 6 孔培养板，并加入完全培养基，以保证转染时细胞汇合达 90%～95%。

（2）将 2.5μg DNA 稀释于 250μl 无血清无抗生素的培养液中轻轻混匀。

（3）将 10μl Lipofectamine2000 稀释于 250μl 无血清无抗生素的培养液中，轻轻混匀，室温孵育 5min。

注意：必须在 25min 内进行。

（4）5min 后将它们混合，并轻轻浑匀，室温孵育 20min。

（5）吸去培养板中的培养基，用无血清培养基清洗细胞两次。

（6）将复合物（总体积 500μl）加入培养孔，前后摇动培养板使其分布均匀。

（7）将细胞放入培养箱孵育 4～6h 后，可以更换含血清培养液去除复合物。

（8）24～48h 后荧光显微镜下观察转入基因的表达情况，见图 13-1。

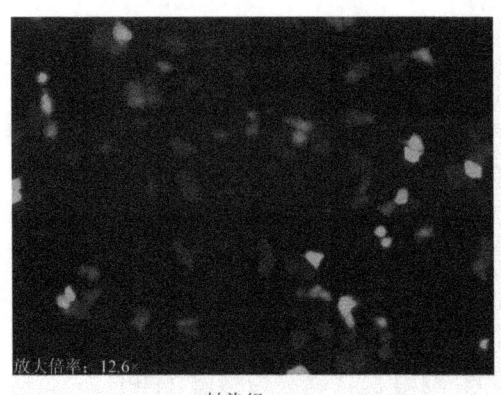 

A. 转染组　　　　　　　　　　　　B. 未转染组

图 13-1　IL-2-EGFP 表达质粒转染 HeLa 细胞 24h 后

（二）转染细胞的稳定筛选

（1）转染后培养 72h，到细胞增长接近汇合时按 1∶4 比例传代，继续培养，待细胞密度增至 50%～70%汇合，加入按最佳筛选浓度配制好的 G418 筛选培养基。

（2）根据培养基的颜色和细胞生长情况，每 3～5d 更换一次筛选培养基。当有大量细胞死亡时，把 G418 浓度减半维持筛选。

（3）筛选 10～14d 后，消化细胞并将 1×10^4 细胞接种于 96 孔板。在 96 孔板中做连续的 10 倍稀释。7～10d 后，选择单个克隆生长的孔再一次用有限稀释法进行克隆。

五、注意事项

严格无菌操作，以防污染。

六、思考题

1. 简述转染的概念。
2. 如果转染效率不是太高，如何提高阳性细胞数？
3. 转染实验有什么用处？
4. 转染后的细胞还可以做什么实验？

（李　燕）

实验十四　免疫印迹（Western blot）

一、实验目的

了解 Western blot 的实验原理及方法。

二、实验原理

Western blot 又称免疫印迹，是将蛋白质转移到膜上，然后利用抗体进行检测。经过 SDS-PAGE 分离的蛋白质样品，转移到固相载体（如硝酸纤维素薄膜）上，固相载体以非共价键形式吸附蛋白质，且能保持电泳分离的多肽类型及其生物学活性不变。以固相载体上的蛋白质或多肽作为抗原，与对应的抗体起免疫反应，再与酶标记的第二抗体起反应，经过底物显色或放射自显影以检测电泳分离的特异性目的蛋白成分。

三、材料、试剂与仪器

5×SDS 上样缓冲液、电泳缓冲液、转膜缓冲液、甲醇、PBS、TBST、PVDF 膜、滤纸、BIO-RAD 电泳仪。

四、实验步骤

（一）蛋白样品制备

单层贴壁细胞总蛋白的提取步骤如下。
（1）倒掉培养液（培养瓶为 50ml 规格）。
（2）每瓶细胞加 3ml 4℃预冷的 PBS（0.01mol/L pH 7.2～7.3）。平放轻轻摇动 1min 洗涤细胞，然后弃去洗液。重复以上操作两次，共洗细胞 3 次以洗去培养液。将 PBS 弃净后把培养瓶置于冰上。
（3）按 1ml 裂解液加 10μl PMSF（100mmol/L），摇匀置于冰上（PMSF 要摇匀至无结晶时才可与裂解液混合）。

(4）每瓶细胞加 1~2ml 含 PMSF 的裂解液，于冰上裂解 30min。为使细胞充分裂解，培养瓶要经常来回摇动。

（5）裂解完后，用干净的刮棒将细胞刮于培养瓶的一侧（动作要快），然后用微量移液器将细胞碎片和裂解液移至 1.5ml 离心管中（整个操作尽量在冰上进行）。

（6）于 4℃下 12 000~14 000r/min 离心 5~15min（提前开离心机预冷）。

（7）将离心后的上清分装转移到 0.5ml 离心管中放于 -80℃保存。

（二）蛋白含量的测定

按蛋白定量试剂盒使用说明进行。

（1）取 1.2ml 蛋白标准配制液加入一管蛋白标准（30mg BSA）中，充分溶解后配制成 25mg/ml 的蛋白标准溶液。配制后可直接使用，也可 -20℃长期保存。

（2）取适量 25mg/ml 蛋白标准溶液，稀释至浓度为 0.5mg/ml。稀释后得 0.5mg/ml 蛋白标准溶液也可以 -20℃长期保存。

（3）根据样品数量，按 50 体积 BCA 试剂 A 加入一体积 BCA 试剂 B（50∶1）配制适量 BCA 工作液，充分混匀。

（4）将蛋白标准溶液按 0μl、1μl、2μl、4μl、8μl、12μl、16μl、20μl 加到 96 孔板的标准品孔中，加标准品稀释液补足 20μl。

（5）加适当体积样品到 96 孔板的样品孔中，加标准品稀释液补足 20μl。

（6）各孔加入 200μl BCA 工作液，37℃放置 20~30min。

（7）测定 A_{562}，540~595nm 的波长也可以接受，根据标准曲线计算出样品的蛋白浓度。

（三）SDS-PAGE

详见实验十二。

（四）转膜

根据需要选择电泳参数、滤纸规格、转移膜孔径大小（一般用硝酸纤维素膜）。

（1）将夹子打开使黑的一面保持水平。在黑的面上垫一张海绵垫→在海绵垫上垫 1~3 层滤纸→在滤纸上放胶→在胶上放膜（膜先在甲醇中浸泡 1min 后放入转膜液中备用）→在膜上放滤纸→在滤纸上放海绵垫（玻棒擀去其中气泡）。

（2）将夹子放入转移槽中，要使夹子的黑面对槽的黑面，夹子的红面对槽的红面。电转移时会产热，在槽的一边放一块冰来降温。转膜时电极方向注意是膜正胶负。

（五）免疫反应

使用杂交袋进行一抗和二抗的孵育，节约抗体，具体步骤如下。

（1）将膜用 PBS 从下向上浸湿后，移至含有封闭液的杂交袋中，室温下脱色摇床上摇动封闭 1h。

（2）将一抗用 TBST 稀释至适当浓度，将膜放入含有一抗的杂交袋中，室温下孵育 1~2h 或 4℃过夜后，用 PBST 在室温下脱色摇床上洗 3 次，每次 5~10min。

（3）同上方法准备二抗稀释液并与膜接触，室温下孵育 1~2h 后，用 PBST 在室温下脱色摇床上洗 3 次，每次 5~10min。

（六）化学发光

在硝酸纤维素膜上加入 100μl 发光液，将膜蛋白面朝上与此混合液充分接触；1min 后进行化学发光。

（七）分析条带的灰度值

利用 Quantity one 软件分析每个条带的灰度值。

五、思考题

1. 在免疫印迹实验中，哪些试剂对人体有害？操作时应该注意些什么？最后实验结束后怎样处理有害物质？
2. 在 Western blot 实验中 SDS 与甲醇的作用各是什么？
3. 简述封闭的作用。
4. 免疫印迹实验有什么用处？

（何雪梅）

实验十五　细胞增殖检测

一、实验目的

1. 熟悉 Edu 检测细胞增殖的基本原理及应用范围。
2. 熟练掌握 Edu 检测细胞增殖的方法。
3. 了解细胞增殖检测的其他方法。

二、实验原理

细胞增殖是生物体生命活动的基本特征之一，准确检测细胞增殖能力对细胞活性、生理和病理状况的评估具有重要价值。细胞主要以分裂的方式进行增殖，包括有丝分裂、无丝分裂、减数分裂 3 种。其中，有丝分裂是包括人和动植物等在内的真核生物中最为普遍的分裂方式，且具有细胞周期性。通过周期性的细胞分裂，遗传物质被平均分配到子细胞中，不断产生新的细胞，以补充体内衰老或死亡的细胞，由此可见，细胞增殖是生物个体生长、发育、繁殖及遗传信息传递的基础。

Edu（5-ethyny-2′-deoxyuridine）是一种胸腺嘧啶核苷类似物，其结构中含有乙炔基，能够在 DNA 复制期取代脱氧胸腺嘧啶环上的与 5 位 C 相连的甲基，从而在 DNA 合成过程中取代脱氧胸腺嘧啶核苷掺入到子代 DNA 中。在加入催化剂和荧光染料作用后，乙炔基与荧光标记的小分子叠氮化合物探针反应，形成稳定的三唑环，通过荧光显微镜观察，既能够准确检测出新增殖的细胞，评估细胞的增殖活性。Edu 法广泛应用于细胞增殖、细胞分化和发育、DNA 修复等方面的研究，尤其适合 siRNA、miRNA、小分子化合物在细胞增殖中的功能研究。

与传统的细胞增殖检测方法相比，Edu 法更加简单、快速和准确。主要有以下几个方面优点：①Edu 相对分子质量小，更容易在组织细胞内扩散；②样本不需要严格的变性（酸、热和酶处理），能够有效避免细胞损伤，有助于准确观察组织、细胞中增殖活性的变化；③适合多种检测方式，如荧光显微镜、激光共聚焦显微镜、高内涵筛选分析、流式细胞仪分析和酶标仪等；④检测方法简单，只需 Edu 孵育后，固定样品，加入染料进行检测即可。

三、其他细胞增殖检测方法

近年来,细胞增殖检测技术得到了极大的发展,广泛应用于分子生物学、遗传学、肿瘤生物学、药理学等研究领域。根据原理不同,细胞增殖检测方法可以分为两类:①间接观察 DNA 合成含量;②直接检测细胞代谢活性。前者包括 ^{3}H-TdR 法、Bradu 法及本次实验使用的 Edu 法;后者主要包括 MTT、XTT、CFSE、MTS、CCK-8、WST-1 及 WST-8 法。其中 ^{3}H-TdR 掺入法由于具有放射性,对实验者有一定危害,限制了它的应用。这里对部分其他方法简单介绍如下。

胸腺嘧啶核苷(^{3}H-TdR)掺入法:胸腺嘧啶核苷(TdR)是 DNA 合成的前体物,处于 S 期的细胞不断摄取 TdR 用于合成 DNA。用同位素 ^{3}H 标记 TdR 即 ^{3}H-TdR 作为 DNA 合成的前体能掺入 DNA 合成代谢过程,通过液体闪烁仪测定细胞的放射性强度,可以反映细胞 DNA 的细胞增殖情况。

MTT 法:MTT 法主要通过检测细胞的能量代谢来反映细胞的增殖活力,是一种简便准确的方法。其原理是活细胞在生长和增殖过程中,线粒体中的琥珀酸脱氢酶将黄色 MTT 分解成蓝色的甲瓒(fomazan),生成量与细胞数量和增殖活性成正比。MTT 法应用较广泛,灵敏度高,且经济。但 MTT 的产物不溶于水,需要溶解后才能检测,增加了工作量,对实验结果准确性也产生影响。

XTT 法:XTT[2,3-bis(2-methoxy-4-5-sulfopenyl)-5-(phenylamino carbonyl)-2H-tetrazolium hydroxide]是线粒体脱氢酶的作用底物,与 MTT 是类似物,当 XTT 与电子偶合剂(如 PMS)联合应用时,产生水溶性的产物,其吸光度与活细胞数成正比。此法较方便,不用洗涤细胞,检测较迅速,灵敏度高,重复性优于 MTT。需要注意的是,XTT 水溶液不稳定,需要低温保存或现配现用。

羟基荧光素二醋酸盐琥珀酰亚胺脂(CFSE)检测法:CFSE 是一种可穿透细胞膜的小分子荧光染料,其琥珀酰亚胺脂基团能够特异性的与细胞结合,进入细胞后,能够非可逆性的与细胞内氨基结合偶联到细胞蛋白质上,且能随着细胞分裂平均分配到两个子细胞中去,同时荧光强度减半。以此类推,各连续代细胞荧光强度依次递减,利用流式细胞仪对其进行检测分析。

Brdu 检测法:Brdu 又称 5-溴脱氧尿嘧啶核苷,为胸腺嘧啶的衍生物,在 S 期细胞中能够代替胸腺嘧啶进入 DNA,可以通过活体注射或加入细胞培养基,通过标记的 Brdu 抗体进行染色,显示增殖细胞,可以判断增殖细胞的种类和增殖速度等指标。

四、材料、试剂与仪器

食管鳞癌细胞株 Eca9706、预冷 PBS、4%多聚甲醛(PBS 配制)、Edu 检测试剂盒。

五、实验步骤

本次实验采用生物公司的 Edu 试剂盒检测食管鳞癌细胞 Eca9706 的增殖活性。

1. 细胞培养

取对数生长期细胞，按每孔 $1×10^5$ 个细胞密度接种 24 孔板，培养至细胞密度 60%～70%。

2. Edu 标记

（1）用细胞培养基按 1∶1000 比例稀释 Edu 溶液（试剂 A），使其终浓度为 50μmol/L。

（2）每孔加入 200μl 的 50μmol/L Edu 培养基，细胞培养箱中孵育 1～2h。

（3）弃去培养基，用预冷的 PBS 清洗 3 次，每次 5min。

3. 细胞固定

（1）每孔加入 100μl 细胞固定液（含 4%多聚甲醛的 PBS）室温孵育 30min，弃固定液。

（2）每孔加入 100μl 2mg/ml 甘氨酸溶液，脱色摇床孵育 5min 后，弃甘氨酸溶液，目的是中和多聚甲醛，保证反应染色正常进行。

（3）每孔加入 200μl PBS，脱色摇床清洗 5min，弃 PBS。

（4）每孔加入 200μl 渗透剂（0.5% Triton X-100 的 PBS）脱色摇床孵育 10min；PBS 清洗一次，5min。

4. 染色

（1）每孔加入 200μl 的 1×Apollo®染色反应液（试剂盒提供，现用现配，见表 15-1），避光、室温、脱色摇床孵育 30min 后，弃染色反应液。

（2）加入 200μl 渗透剂（0.5% Triton X-100 的 PBS）脱色摇床清洗 2～3 次，每次 10min，弃渗透剂。

（3）每孔每次加入 200μl 甲醇清洗 1～2 次，每次 5min；PBS 清洗一次，每次 5min。

5. 图像观察

染色完成后在荧光显微镜下观察细胞增殖情况。

表 15-1　染色反应液的配制

Apollo®染色反应液	500μl	1ml	5ml	10ml
去离子水	469μl	938μl	4.69ml	9.38ml
试剂 B	25μl	50μl	250μl	500μl
试剂 C	5μl	10μl	50μl	100μl
试剂 D	1.5μl	3μl	15μl	30μl
试剂 E	5mg	9mg	44mg	88mg

六、注意事项

（1）Edu 浓度的选择与孵育时间长短有关，短时间孵育（<2h）宜采用高浓度（10~50μmol/L），长时间孵育（>24h）宜采用低浓度（1~10μmol/L）。

（2）贴壁细胞，Edu 反应液以覆盖细胞表面即可；悬浮细胞的 Edu 用量根据培养体积调整。

（3）PBS 清洗主要是为了洗脱未渗入 DNA 的 Edu，值得注意的是，贴壁不牢的细胞需要降低清洗强度，以免造成结果准确性下降。

（4）Edu 孵育时间取决于细胞周期的长短，一般为细胞周期的 1/10~1/5 即可，大多数细胞系孵育时间在 2h 左右。孵育时间越长，细胞增殖数量就越多。

（5）使用不同厂家的试剂盒时，应严格按照说明书操作。

七、思考题

1. 根据孵育时间选择 Edu 浓度的依据是什么？
2. 测定新的细胞株增殖活性，如何调整 Edu 的孵育时间？

（吴　剑）

实验十六　肿瘤细胞侵袭转移实验

一、实验目的

掌握一种分析肿瘤细胞侵袭与迁移能力的方法。

二、实验原理

肿瘤转移（tumor metastasis）是指肿瘤细胞脱离原发生长部位，通过各种途径的转运，在机体内远离原发部位的器官、组织中定植、生长，形成同样性质的肿瘤的过程。肿瘤转移是恶性肿瘤最显著的生物学特征之一，也是患者预后不佳的主要原因。肿瘤转移主要包括以下几个步骤：①肿瘤细胞失去与正常细胞的联系，从原发灶脱落；②肿瘤细胞接受细胞外基质中各种信号，改造肿瘤微环境。例如，肿瘤细胞分泌蛋白降解酶降解ECM成分，诱导免疫细胞功能抑制等；③肿瘤细胞运动能力增强，穿透血管壁或淋巴管进入体液循环；④在循环中逃避免疫系统的识别与破坏；⑤定植在新的组织或器官后，诱导血管生成，原位生长形成转移灶。

肿瘤细胞侵袭转移能力直接反应肿瘤恶性程度。Transwell实验是直接检测肿瘤细胞侵袭与迁移能力的方法之一，其外形是一个能够放在孔板中的小杯子，杯子底部有一张具有通透性的聚碳酸酯膜，膜上带有直径为 0.1~12μm 的小孔，膜上称为上室，膜下称为下室。当环境中的营养因子被过多消耗后，肿瘤通过降解细胞外基质，表达趋化因子配体，细胞骨架重排等增强自身侵袭迁移能力，发生远处转移。在聚碳酸酯膜上预铺 Matrigel 胶原模拟细胞外基质（ECM）环境，将待研究的肿瘤细胞和无血清培养基混匀后加入 Transwell 上室，下室加入含 10%~20%胎牛血清的培养基，由于聚碳酸酯膜具有通透性，下室培养液中成分能够影响上室中的肿瘤细胞。下室培养液营养因子丰富，培养 48~72h 后，肿瘤细胞会从 Transwell 的上室面侵袭迁移到下室面，终止培养后，擦拭掉上室面未转移的细胞，对下室面的细胞进行固定染色，观察细胞转移情况。

三、材料、试剂与仪器

1. 材料

A549 细胞、孔径 8μm 的 24 孔 Transwell 小室、10ml 离心管。

2. 试剂

RPMI 1640 培养基、胎牛血清、4%的甲醛、吉姆萨染液、Matrigel 基质胶。

实验前一天从–20℃冰箱取出 Matrigel 基质胶，4℃过夜溶解后备用，微量移液器及吸头和 24 孔细胞培养板冰上预冷，按一定比例 [（1∶1）～（1∶5）] 将 Matrigel 原液与 10% FBS 的 RPMI 1640 培养基混合后，取 100μl 加入 Transwell 上室，迅速摇匀，此过程尽量不要产生气泡，37℃孵育 1h 待基质胶凝固备用。

3. 仪器

离心机、微量移液器、生物安全柜等。

四、其他检测方法

在体外实验中，划痕实验也是鉴定肿瘤细胞运动特性的常用方法之一，主要借鉴体外细胞致伤愈合的实验模型，在体外培养的单层细胞上，用吸头划痕致伤，然后加入处理因素观察其对肿瘤细胞迁移能力的影响。该方法实验成本低，简单易行。缺点是划痕实验只是观察肿瘤细胞水平移动能力，并不能反映其侵袭能力的改变，还需要结合 Transwell 实验对肿瘤侵袭转移能力进行评估。

五、实验步骤

1. Transwell 小室制备

（1）包被基底膜：将 50mg/L Matrigel 按 1∶3 比例用含 10% FBS 的 RPMI 1640 培养基稀释后加入 Transwell 小室底部膜的上室面，4℃风干。

（2）水化基底膜：待上室基质胶凝固后，每孔加入 100μl 含 10g/L BSA 的无血清培养液，室温放置 1h。

2. 接种细胞

（1）取 A549 细胞悬液 200μl（含细胞 2×10^5 个）加入 Transwell 上室。

（2）24 孔板下室一般加入 500μl 含 10% FBS 的培养基（需要特别注意的是，下层培养液和小室间不能有气泡，气泡会大大减弱下层培养液的趋化作用；出现气泡后，要将小室提起，去除气泡，再将小室放进培养板）。

（3）常规培养 48～72h（主要依癌细胞侵袭能力而定）后，取出小室（时间的选择除了要考虑细胞侵袭力外，处理因素对细胞数目的影响也不可忽视）。

（4）用棉签擦拭掉上室细胞，PBS 漂洗小室 3 次后，4%甲醛固定 10min。
（5）PBS 漂洗小室 3 次。
（6）加入吉姆萨染液，染色 1min。
（7）漂洗液清洗 2min。
（8）室温风干，正置显微镜下观察。

六、注意事项

（1）采用膜孔径为 8μm 或 12μm 的 Transwell 小室，以便于细胞穿过。
（2）基质胶的配制中所有耗材和试剂均需预冷，防止胶过早的凝固。
（3）避免膜的下室面产生气泡，放入细胞培养箱后 2h 应取出观察有无气泡产生。

七、思考题

1. 什么是 Transwell，其实验原理是什么？
2. 简述不同孔径 Transwell 小室的应用范围？
3. Transwell 检测肿瘤细胞侵袭能力时基质胶的作用是什么？
4. 怎样评价一个样品制备的优劣，具体指标有哪四项？

（吴　剑）

实验十七　免疫共沉淀实验

一、实验目的

1. 掌握免疫共沉淀技术的原理。
2. 了解免疫共沉淀技术操作步骤和测序系统的使用。

二、实验原理

免疫共沉淀（co-immunoprecipitation）是以抗体和抗原之间的专一性作用为基础，用于研究蛋白质相互作用的经典方法。该方法是确定两种蛋白质在完整细胞内生理性相互作用的有效方法。

当细胞在非变性条件下被裂解时，完整细胞内存在的许多蛋白质-蛋白质间的相互作用被保留了下来。而这种生理条件下存在的蛋白质-蛋白质间相互作用可以采用免疫共沉淀进行检测和确定。假设生理条件下蛋白质 X 与蛋白质 Y 之间存在蛋白质-蛋白质间相互作用。此时若采用蛋白质 X 的抗体免疫沉淀 X，那么与 X 在体内结合的蛋白质 Y 也能沉淀下来。这种基于与蛋白质 X 的生理相互作用，蛋白质 Y 的免疫沉淀称为免疫共沉淀。免疫共沉淀常用于测定两种目标蛋白质是否在体内结合，同时也可用于确定一种特定蛋白质的新作用搭档。对于具有已知特性蛋白质的共沉淀可采用抗此蛋白质的抗体通过 Western blot 检测；对于确定新的相互作用蛋白质可以先采用 ^{35}S 标记假定结合蛋白质进行放射自显影或对 SDS-PAGE 胶进行银染，此后通过大规模免疫共沉淀得到足够材料进行 Edman 降解或质谱确定结合的蛋白质。

三、材料、试剂与仪器

微量移液器、微量移液器吸头、微量离心管、离心机、PBS、RIPA buffer、Protein A agarose、2×上样缓冲液。

四、实验步骤

（1）预冷 PBS、RIPA buffer、细胞刮子（用保鲜膜包好后，埋冰下），离心机用预冷的 PBS 洗涤细胞两次，最后一次吸干 PBS。

（2）加入预冷的 RIPA buffer（1ml/10^7 个细胞、10cm 培养皿或 $150cm^2$ 培养瓶，0.5ml/$5×10^6$ 个细胞、6cm 培养皿、$75cm^2$ 培养瓶）。

（3）用预冷的细胞刮子将细胞从培养皿或培养瓶上刮下，把悬液转到 1.5ml EP 管中，4℃，缓慢晃动 15min（EP 管插冰上，置水平摇床上）。

（4）4℃，12 000r/min 离心 15min，立即将上清转移到一个新的离心管中。

（5）准备 Protein A 琼脂糖珠，用 PBS 洗两遍珠子，然后用 PBS 配制成 50% 浓度，建议剪掉枪尖部分，避免在涉及琼脂糖珠的操作中破坏琼脂糖珠。

（6）每 1ml 总蛋白中加入 100μl Protein A 琼脂糖珠（50%），4℃摇晃 10min（EP 管插冰上，置水平摇床上），以去除非特异性杂蛋白，降低背景。

（7）4℃，12 000r/min 离心 15min，将上清转移到一个新的离心管中，去除 Protein A 琼脂糖珠。

（8）（Bradford 法）制作蛋白标准曲线，测定蛋白浓度，测前将总蛋白至少稀释 10 倍以上，以减少细胞裂解液中去垢剂的影响（定量分装后，可以在-20℃保存一个月）。

（9）用 PBS 将总蛋白稀释到约 1μg/μl，以降低裂解液中去垢剂的浓度，如果目的蛋白在细胞中含量较低，则总蛋白浓度应该稍高（如 10μg/μl）。

（10）加入一定体积的兔抗到 500μl 总蛋白中，抗体的稀释比例因目的蛋白在不同细胞系中的多少而异。

（11）4℃缓慢摇动抗原抗体混合物过夜或室温 2h，激酶或磷酸酯酶活性分析建议用 2h 室温孵育。

（12）加入 100μl Protein A 琼脂糖珠来捕捉抗原抗体复合物，4℃缓慢摇动抗原抗体混合物过夜或室温 1h，如果所用抗体为鼠抗或鸡抗，建议加 2μl "过渡抗体"（兔抗鼠 IgG，兔抗鸡 IgG）。

（13）12 000r/min 瞬时离心 5s，收集琼脂糖珠-抗原抗体复合物，去上清，用预冷的 RIPA buffer 洗 3 遍，800μl/遍，RIPA buffer 有时候会破坏琼脂糖珠-抗原抗体复合物内部的结合，可以使用 PBS。

（14）用 60μl 2×上样缓冲液将琼脂糖珠-抗原抗体复合物悬起，轻轻混匀，缓冲液的量依据上样多少而定（60μl 足够上 3 道）。

（15）将上样样品煮沸 5min，以游离抗原、抗体、珠子，离心，将上清电泳，收集剩余琼脂糖珠，上清也可以暂时冻存-20℃，留待以后电泳，电泳前应再次煮 5min 以使其变性。

五、影响实验结果的关键因素

（1）细胞裂解：主要考虑的是溶解调节，需要提取出用于免疫共沉淀的蛋白质，但是不能破坏细胞内存在的所有蛋白质-蛋白质相互作用。一般情况下，高盐浓度（200～1000mmol/L NaCl）及离子变性剂（0.1%～1% SDS 或脱氧胆酸钠）的存在，比低盐浓度（120mmol/L NaCl）及非离子变性剂（0.1%～1% NP40 或 Triton X-100）的存在更具破坏性。此外机械处理如超声也具有变性作用且可破坏蛋白质-蛋白质相互作用。

（2）对照的设定：通过免疫共沉淀确定新结合蛋白遇见的常见问题是鉴定假阳性。其可能的原因有：①在完整细胞内不与目的蛋白正常结合的某些蛋白质在细胞裂解后形成非生理性的蛋白质-蛋白质相互作用；②抗体对细胞内蛋白质的交叉反应；③抗体对细胞内蛋白质的非特异结合。因此为了得到可靠的实验结果，可以通过以下方法对免疫共沉淀的假阳性进行消除或控制。

1）使用明确的抗体。

2）使用对照抗体：任何与对照抗体和特异性抗体都免疫沉淀的假定结合蛋白都定义为与抗体的非特异结合。与对照抗体和特异性抗体相匹配越多，误定为非特异性相互作用蛋白质的机会就越小。对照抗体的选择：①对于小鼠单克隆抗体来说，适宜的对照是另外一类同亚型的单克隆抗体；②对于兔血清来说，是同一只兔子的免疫前血清；③对于一种纯化的兔多克隆抗体来说，是另一种纯化的兔多克隆抗体。

3）使用多种抗体以增加蛋白质 X 和蛋白质 Y 体内结合的可信度。需要提醒的是，不同抗体识别不同的抗原表位，某些表位可能在特定的蛋白质复合物中被遮蔽了。因此不能指望所有的抗体都能沉淀相同一组结合蛋白质。

4）使用缺失靶蛋白的细胞株：一种细胞株如果缺失作为抗体本来靶标的蛋白质，那么共沉淀蛋白质就不应该从其裂解液中被沉淀出来。因此，应当从已知缺失靶蛋白的细胞株中进行对照免疫沉淀。

5）测定细胞裂解前后是否发生结合。

6）减少非特异性蛋白质背景：与抗体非特异性结合或与抗体识别蛋白的非生理性结合而导致的非特异性蛋白质背景可以通过优化以下免疫共沉淀条件来减少：①增加免疫沉淀物洗涤缓冲液的离子强度，高盐浓度可以降低蛋白质-蛋白质的相互作用，但是高浓度盐可以干扰 SDS-PAGE 电泳，因此在凝胶加样前，免疫沉淀物应当用标准盐缓冲液洗涤（120mmol/l NaCl）洗涤；②降低免疫沉淀时抗体的用量，抗体浓度应当降低到某一点，使在这一点从任何特异性蛋白质获得的信号相对于任何非特异性蛋白质都是最大的；③用对照抗体预清除细胞裂解液，在用针对目的蛋白的特异性抗体进行免疫沉淀前，用过量的对照抗体及蛋白质 A-Sepharose 对细胞裂解液进行预处理。

六、优缺点

（1）优点：①相互作用的蛋白质都是经翻译后修饰的，处于天然状态；②蛋白质的相互作用是在自然状态下进行的，可以避免人为影响；③可以分离得到天然状态下相互作用的蛋白质复合物。

（2）缺点：①相对耗时、费力；②常需要培养大量的细胞；③可能检测不到低亲和力和瞬间的蛋白质-蛋白质相互作用；④不适合于检测构成巨大的、不溶性的大分子结构的蛋白质-蛋白质相互作用。

七、思考题

1. 简述免疫共沉淀技术的原理。
2. 免疫共沉淀技术主要注意事项有哪些？

（龙　洋）

实验十八　酶联免疫吸附实验

一、实验目的

1. 掌握酶联免疫吸附实验的原理。
2. 熟悉酶联免疫吸附实验的方法及标记物。
3. 了解酶联免疫吸附实验的应用。

二、实验原理

酶联免疫吸附实验（enzyme-linked immunosorbent assay，ELISA），是酶免疫测定技术中应用最广的技术。其基本方法是将已知的抗原或抗体吸附在固相载体表面，使酶标记的抗原抗体反应在固相表面进行，用洗涤法将液相中的游离成分洗除，再加入相应的酶底物，底物被酶催化发生颜色反应，因此可根据呈色物的有无和呈色深浅作定性或定量观察。

ELISA 所用的固相载体可分为 3 类：第一类是采用聚苯乙烯微量板作为载体的 ELISA，即通常所指的 ELISA（微量板 ELISA）；第二类是用硝酸纤维膜作为载体的 ELISA，称为斑点 ELISA（Dot-ELISA）；第三类是采用疏水性聚酯布作为载体的 ELISA，称为布 ELISA（C-ELISA）。在微量板 ELISA 中，又根据其性质不同分为双抗体夹心法、间接法、双位点一步法、竞争法、捕获法、桥联法及 ABC-ELISA（avidinbiotincomplex-ELISA）夹心法。ELISA 中最常用的酶为辣根过氧化酶（HRP）和从牛肠黏膜或大肠杆菌提取的碱性磷酸酶（AP）。酶联免疫吸附实验可用于：①免疫酶染色各种细胞内成分的定位；②研究抗酶抗体的合成；③显现微量的免疫沉淀反应；④定量检测体液中抗原或抗体成分。最常用的 ELISA 法有双抗体夹心法和间接法，前者用于检测大分子抗原，后者用于测定特异抗体。本次实验主要采用的是双抗体夹心法。

三、材料、试剂与仪器

1. 材料

血清、血浆及相关液体样本。

2. 试剂

表 18-1 所列为酶联免疫检测试剂盒。

表 18-1 酶联免疫检测试剂盒

编号	内容	体积（数量）	编号	内容	体积（数量）
1	标准品（2000ng/L）	0.5ml	7	显色剂 A 液	6ml
2	标准品稀释液	3ml	8	显色剂 B 液	6ml
3	酶标包被板	12 孔×8 条	9	终止液	6ml
4	酶标试剂（HRP）	6ml	10	说明书	1 份
5	30 倍浓缩洗涤液	20ml	11	封板膜	2 张
6	样品稀释液	6ml	12	密封袋	1 个

3. 仪器

37℃恒温箱、标准规格酶标仪、精密移液器及一次性吸头、吸水纸等。

四、实验步骤

（1）标准品稀释：按表 18-2 进行稀释。

表 18-2 标准品稀释比例

终浓度	标准品	稀释比例
1000ng/L	5 号标准品	50μl 的原倍标准品+50μl 的标准品稀释液
500ng/L	4 号标准品	50μl 的 5 号标准品+50μl 的标准品稀释液
250ng/L	3 号标准品	50μl 的 4 号标准品+50μl 的标准品稀释液
125ng/L	2 号标准品	50μl 的 3 号标准品+50μl 的标准品稀释液
62.5ng/L	1 号标准品	50μl 的 2 号标准品+50μl 的标准品稀释液

（2）设孔：分别设空白孔（空白孔不加样品及酶标试剂，其余各操作相同）、标准品孔、待测样品孔。每个标准孔和空白孔建议做复孔。在酶标板上标准孔中加入标准品 50μl，在待测样品孔中加入 40μl 样品稀释液及 10μl 待测样品。盖上封板膜，轻轻晃动混匀，37℃温育 30min。

（3）配液：将 30 倍浓缩洗涤液用蒸馏水 30 倍稀释后备用。

（4）洗涤：小心揭掉封板膜，弃去液体，甩干，每孔加满洗涤液，静置 30s

后弃去，用吸水纸拍干，如此重复 5 次，拍干。

（5）标记：每孔加入酶标试剂 50μl，空白孔除外，轻轻晃动混匀，37℃温育 30min。

（6）洗涤：小心揭掉封板膜，弃去液体，甩干，每孔加满洗涤液，静置 30s 后弃去，用吸水纸拍干，如此重复 5 次，拍干。

（7）显色：每孔先加入显色剂 A 50μl，再加入显色剂 B 50μl，轻轻震荡混匀，37℃避光显色 10min。

（8）终止：每孔加入终止液 50μl，终止反应（此时蓝色立转黄色）。

（9）测定：以空白孔调零，在 450nm 波长下测定各孔的吸光度值（OD 值）。测定应在加终止液后 10min 以内进行。

（10）根据标准品的浓度及对应的 OD 值计算出标准曲线的直线回归方程，再根据样品的 OD 值在回归方程上计算出对应样品浓度，最后再乘以样品稀释倍数即为待测样品浓度。

五、注意事项

（1）待测样品中不能含有 NaN_3，因为 NaN_3 会抑制辣根过氧化物酶的活性。

（2）标本采集后应尽快进行检测，若不能马上检测，可将标本放于 –20℃ 保存，避免反复冻融。

（3）从 2~8℃ 取出试剂盒后需在室温平衡至少 30min，酶标包被板开封后，未用完的应装入密封袋中保存。

（4）各步加样需用微量移液器准确加样，避免实验误差。

（5）建议所有标准品、样品都做双份检测，若样品中待测物质含量过高，请先用 PBS 将其稀释到一定倍数后再进行测定。

（6）严格按照说明书进行操作，实验结果判定必须以酶标仪读数为准。

（7）为避免交叉污染，请勿反复使用吸头和封板膜。

（8）底物 B 对光敏感，避免长时间暴露于光下。

六、思考题

1. 当 ELISA 实验中所用的标记酶为 HRP 时，样品应满足什么要求？
2. 分析 ELISA 实验中可能的影响因素。
3. 测定时，无法测出样品孔 OD 值，可能的原因有哪些？

（杨颖丞）

实验十九 激光扫描共聚焦显微技术

激光扫描共聚焦显微镜（laser scanning confocal microscopy，LSCM）是采用激光作为光源，在传统光学显微镜基础上采用共轭聚焦原理和装置，并利用光电倍增管 PMT（或超高灵敏的 HyD，或者 GaAsp PMT）来检测信号，然后再通过计算机进行数字图像处理的一套观察、分析和输出系统。共聚焦显微镜能够大幅度提高图像的信噪比，拥有完美的三维层切能力，当关小针孔时还可提高图像的分辨率。

通常使用紫外线或可见光激发荧光探针，从而得到细胞或组织内部微细结构的荧光图像（也可得到明场、微分干涉相差 DIC 图像），在亚细胞水平上观察生理信号及细胞形态的变化。除了常规的采图，还可以很方便地进行荧光共振能量转移（FRET）、荧光漂白后恢复（FRAP）、光谱扫描、电生理等研究。这些使得激光扫描共聚焦显微镜成为形态学、分子生物学、神经科学、药理学、遗传学等领域中新一代的研究工具。

一、激光扫描共聚焦显微镜的原理

激光扫描共聚焦显微技术是一种高分辨率的显微成像技术。普通的荧光光学显微镜在对较厚的标本（如细胞）进行观察时，来自观察点邻近区域的荧光会对结构的分辨率形成较大的干扰。共聚焦显微技术的关键点在于，每次只对空间上的一个点（焦点）进行成像，由点到线，线到面，最后形成标本的二维或者三维图像。在此过程中，来自焦点以外的光信号不会对图像形成干扰，这样得到的共聚焦图像是标本的光学横断面，克服了普通显微镜图像模糊的缺点。从而显著提高了显微图像的清晰度和细节分辨能力。

图 19-1 是一般共聚焦显微镜的工作原理示意图。用于激发荧光的激光束（laser）透过入射针孔（light source pinhole），经过激发滤色片得到所需的激发光谱线，再被二向色镜（dichroic mirror）反射，通过物镜（objective lens）汇聚后入射于待观察的标本（specimen）内部焦点（focal point）处。激光照射所产生的荧光（fluorescence light）和少量反射激光（所占比例很小）一起，被物镜重新收集后送往二向色镜。其中携带图像信息的荧光由于波长比较长，直接通过二向色镜并透过检测针孔（detection pinhole）到达光电探测器（detector）[通常是光电倍增管（PMT）或是 HyD]，变成电信号后送入计算机。而由于二向色镜的分光作用，即使有少许反射

的激光也会被二向色镜挡住,不会被检测到。

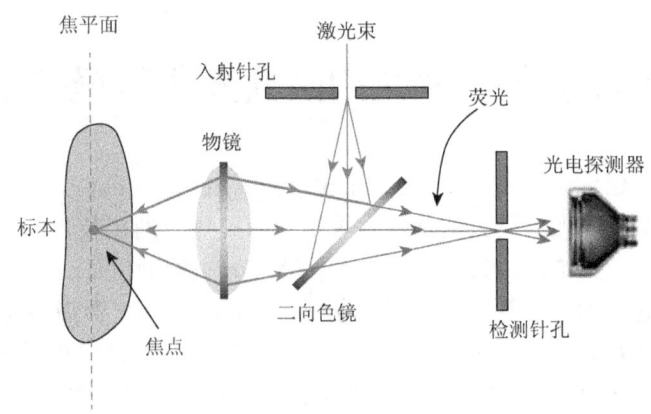

图 19-1　共聚焦显微镜简化原理示意图

图 19-2 解释了检测针孔的作用：只有焦平面上的点所发出的光才能通过检测针孔；焦平面以外的点所发出的光线在检测针孔平面是离焦的,无法通过针孔。因此,焦平面上的观察目标点呈现亮色,而非观察点则作为背景呈现黑色,反差增加,图像清晰。在成像过程中,检测针孔的位置始终与显微物镜的焦点（focal point）是一一对应的关系,即共轭（conjugate）,因而称为共聚焦（con-focal）显微技术。

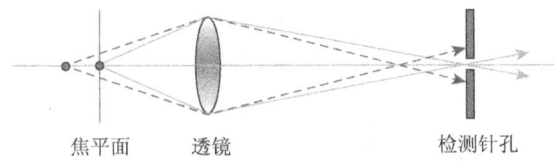

图 19-2　检测针孔的作用示意图

二、LSCM 在生命科学中常见的应用

目前,一台配置完备的激光共聚焦显微镜能够做光学切片：逐层扫描获得高反差、高分辨率、高灵敏度的二维光学横断面图像,从而对活的或固定的细胞及组织进行无损伤的系列"光学切片"（optical sectioning）,得到各个层面的信息。这种功能也被称为"细胞 CT"或"显微 CT"。再经过软件进行三维重建,沿 X 轴、Y 轴和 Z 轴或其他任意角度来观察标本的外形及剖面,并得到三维的立体结构,从而能十分灵活、直观地进行形态观察,并揭示亚细胞结构的空间关系。

激光共聚焦显微镜的应用非常广泛,在此主要关注其在生命科学领域常见的应用,按学科来分主要有以下几种。

(1)细胞生物学:细胞结构、细胞骨架、细胞膜结构、流动性、受体、细胞器结构和分布变化。

(2)生物化学:酶、核酸、FISH(荧光原位杂交)、受体分析。

(3)药理学:药物对细胞的作用及其动力学。

(4)生理学:膜受体、离子通道、细胞内离子含量、分布、动态。

(5)神经生物学:神经细胞结构、神经递质的成分、递质的运输和传递、递质受体、离子内外流、神经组织结构、细胞分布。

(6)微生物学和寄生虫学:细菌、寄生虫的形态结构。

(7)病理学及临床应用:活检标本诊断、肿瘤诊断、自身免疫性疾病诊断、HIV诊断等。

(8)遗传学和组胚学:细胞生长、分化、成熟变化、细胞的三维结构、染色体分析、基因表达、基因诊断。

在生命科学领域常见的具体应用如下。

1. 细胞结构、受体、蛋白质、酶等

激光扫描共聚焦显微镜可获得较一般普通光学显微镜分辨率高的细胞内线粒体、高尔基复合体、内质网、溶酶体等细胞器图像,同时还可动态观察活细胞状态下细胞器的形态学变化情况,此外还可通过光学切片即断层扫描技术进行三维重建,显示细胞器的空间关系及其变化。适用于线粒体的荧光探针较多,如 Mitotracker、DA SPMI、DA SPEI、JC-1、Rhodamine 123 等。高尔基复合体常用的荧光探针有 NBD ceramide、BODIPY ceramide。内质网主要用 Dil、DiOC6(3)。溶酶体的荧光探针有 DAMP、neutral red。有报道选用 NBC-PC 标记细胞膜、Mitotracker 标记线粒体、Hoechst 33342 标记细胞核 DNA,同时显示细胞的三部分结构。

2. DNA 和 RNA

核酸的荧光探针有 50 多种,用于激光扫描共聚焦显微镜的主要有 DAPI、Hoechst、碘化丙啶(propidium iodide,PI)等。

3. 细胞内游离钙

美国分子公司提供的钙荧光探针有 20 多种,激光扫描共聚焦显微镜常用的有 Fluo-3、Rhod-1、Indo-1、Fura-2 等,前两者为单波长激光探针,利用其单波长激发特点可直接测量细胞内 Ca^{2+} 动态变化,为钙定性探针;后两者为双波长激发探

针,利用其双波长激发特点和比率技术,能定量细胞内[Ca^{2+}],为钙定量探针。

4. 膜电位

DiBAC4(3)为最常用的膜电位荧光探针,DiBAC4(3)为带负电荷的阴离子慢反应染料。该探针本身无荧光,当进入细胞与胞质内的蛋白质结合后才发出荧光,测量时要求细胞浸在荧光染料中。当细胞内荧光强度增加即膜电位增加显示细胞去极化;反之,细胞内荧光强度降低即膜电位降低显示细胞超极化。Rhodamine 123 主要用于线粒体膜电位测量。Rhodamine 123 是一种亲脂性阳离子荧光探针,当线粒体膜内侧负电荷增多时,荧光强度增加,与 DiBAC4(3)的表示形式相反。

5. pH

常用于偏中性 pH 即细胞质 pH 检测的荧光探针有 SNARF 类(SNARF-1、SNARF-calcein)、SNAFL 类(SNAFL-1、SNAFL-calcein)、BCECF 等,这些探针均为疏水性探针,需使用其 AM 形式。FITC-dextran 则适用于 pH 4~6,如溶酶体 pH 的检测,该探针也不能透过质膜,但可通过细胞胞饮作用进入溶酶体,因此应选择相对分子质量稍小的葡聚糖(Dextran)。

6. 细胞内活性氧基

活性氧(active oxygen species)可影响细胞代谢,与蛋白质、核酸、脂类等发生反应,有些反应是有害的,因此测量活性氧在毒理学研究中有一定的意义。根据检测活性氧的不同可选择不同的荧光探针。常用荧光探针有 dichlorodihydrofluorescein diacetate(2,7-二氯二氢荧光素乙酰乙酸,H_2DCFDA),其原理是不发荧光的 H_2DCFDA 进入细胞后能被存在的过氧化物、氢过氧化物等氧化分解为 dichlorofluorescein(DCF)而产生荧光,其反应灵敏度为 10~12mol 水平,荧光强度与活性氧的浓度呈线性关系。

7. 细胞膜流动性

激光扫描共聚焦显微镜可采用荧光漂白恢复技术检测细胞膜流动性。荧光漂白恢复(fluorescence recovery after photobleaching,FRAP)是指某一区域荧光分子一旦被强光(即激光)照射后,荧光分子的化学结构被破坏,不再发荧光,即发生光漂白,但被照射区域随着周围荧光分子不断运动到此处而荧光逐渐恢复。因此,荧光漂白恢复的多少(荧光漂白恢复率)及荧光漂白恢复的快慢(荧光漂白恢复速率)可以反映分子的动力学特征,恢复快的分子,活性高,恢复慢的分子,活性低。利用 NBD-C6-HPC 荧光探针标记细胞膜磷脂,然后用高强度的激光束照射活细胞膜表面的某一区域（1~2μm），使该区域的荧光淬灭或漂白，再用较弱的激光束照射该区域。可检测到细胞膜上其他地方未被漂白的荧光探针流动到漂白区域时的荧光重新分布情况。荧光恢复的速率和程度可提供有关信息。例如，用于观察细胞受体介导内吞过程中膜磷脂流动性的变化情况。NBD-C6-HPC 在温度稍高时可能会进入细胞，因此荧光染色和测量时应在低于常温的环境下进行。

8. 蛋白质间的相互作用

荧光能量共振转移（fluorescence resonance energy transfer，FRET）是距离很近的两个荧光分子间产生的一种能量转移现象。当供体荧光分子的发射光谱与受体荧光分子的吸收光谱重叠，并且两个分子的距离在 10nm 范围以内时，就会发生一种非放射性的能量转移，即 FRET 现象，使得供体的荧光强度比它单独存在时要低得多（荧光猝灭），而受体发射的荧光却大大增强（敏化荧光）。在生命科学领域，FRET 技术是检测活体中生物大分子纳米级距离和纳米级距离变化的有力工具，可用于检测某一细胞中两个蛋白质分子是否存在直接的相互作用。正如前述，当供体发射的荧光与受体发色团分子的吸收光谱重叠，并且两个探针的距离在 10nm 范围以内时，就会产生 FRET 现象。而在生物体内，如果两个蛋白质分子的距离在 10nm 之内，一般认为这两个蛋白质分子存在直接相互作用。例如，要研究蛋白质 A 和蛋白质 B 间的相互作用，可以根据 FRET 原理构建融合蛋白，选用 CFP-YFP。蛋白质 A 与蛋白质 B 没有相互作用时，CFP 与 YFP 相距很远不能发生荧光共振能量转移，因而检测到的是 CFP 的荧光；但当蛋白质 A 与蛋白质 B 发生相互作用时，由于蛋白质 B 受蛋白质 A 的作用而发生构象变化，使 CFP 与 YFP 充分靠近发生荧光共振能量转移，此时检测到的就是 YFP 的荧光。将编码这种融合蛋白的基因通过转基因技术使其在细胞内表达，这样就可以在活细胞生理条件下研究蛋白质-蛋白质间的相互作用。现在常用的 FRET 荧光对有 CFP-YFP、GFP-mCherry、GFP-DsRed 等。

三、激光扫描共聚焦显微镜样品制备和检测

激光共聚焦观察样品处理：首先要尽量保持生物材料的天然状态，避免出现重影、变形和失真，因此须将生物材料做固定处理；制片必须薄而透明，才能在显微镜下成像，除将材料切成薄片或通过轻压或其他手段使之分散外，还需采用其他方法使它透明和染色，以便更好地观察到结构的细节。需长期保存的制片，还应进行脱水和封固。显微制片法一般包括切片法、整体封片法、涂片法和压片法 4 类。

第一部分 组织或细胞标本的制备

一、实验前的准备工作

（1）载玻片和盖玻片均应平整、光洁，盖玻片厚度为 0.17mm。

（2）塑料皿只用低倍镜，共聚焦专用培养皿（底部中心为玻璃）效果佳。

（3）玻片及有关观察器皿的处理：新载玻片于清洁液中过夜，第二天流水冲洗，用蒸馏水多次漂洗，然后浸泡于 95%乙醇中 2h，烘干备用。盖玻片较薄，因此在清洁液内只需 2~3h 即可。也可不用清洁液（因为清洁液内有重铬酸盐），用盐酸乙醇过夜（70%~95%乙醇+1mol/L 盐酸），第二天冲洗如上。

二、实验步骤

1. 组织标本的取材

组织标本主要取自活组织检查标本、手术切除标本、动物模型标本及尸体解剖标本。前三者均可为新鲜组织，后者一般是机体死亡 2h 以上的组织，组织细胞会有不同程度的自溶，细胞组织的生化成分和抗原成分有变性消失和严重弥散。因此对于新鲜采集的标本或尸检的标本同样要尽快（立即）处理或立即速冻成冻块进行冰冻切片，或立即用固定液固定进行脱水浸腊、包埋、石蜡切片。如不能迅速制片，可储存于液氮或−70℃冰箱内备用。

取材器械（组织细胞损伤，阳性污染），取材部位（病变区、阳性区、对照区）。

2. 固定

（1）选择最佳固定剂标准是：①最好地保持细胞和组织的形态结构；②最大限度地保存抗原的免疫活性，一些含重金属的固定液在免疫组化和细胞化学技术中是禁用的；③不要用可能带有自发荧光的固定剂，如带有苦味酸的固定剂，还有甲醛升汞固定剂，会使上皮细胞产生非特异性荧光。

一般可用甲醛（福尔马林）、多聚甲醛、戊二醛、甲醇、乙醇（100%或 95%）、丙酮（冷）和 Carnoy 氏液固定。其中甲醛固定对所检测的物质的抗原性能保存比较好，但是对细胞组织的形态影响比较大，特别是对细胞分裂时纺锤体微管的保存不是很好。戊二醛对细胞形态的保持较好，但它是二醛基化合物，交联结合力比甲醛大，由于交联过强，可出现组织改变和空间遮蔽现象，影响组织的抗原性。甲醇也能比较明显地造成细胞收缩。

(2) 常用醛类固定剂：双功能交联剂，其作用是使组织之间相互交联，保存抗原于原位，其特点是对组织穿透性强，收缩性小。有人认为它对 IgM、IgA、J 链、κ 链和 λ 链的标记效果良好。

常用的醛类固定剂配方：①10%钙-甲醛溶液（浓甲醛 10ml，饱和碳酸钙 90ml）；②10%中性缓冲甲醛溶液（浓甲醛 10ml，0.01mol/L pH 7.4 PBS 90ml）；③4%多聚甲醛磷酸缓冲液 pH 7.4（多聚甲醛 40g，0.1mol/L pH 7.4 PBS 500ml，两者混合加热至 60℃，搅拌并滴加 1mol/L NaOH 至清晰为止，冷却后加 PBS 至总量 1000ml）；④戊二醛-甲醛液（戊二醛 1ml，浓甲醛 10ml，蒸馏水加至 100ml）；⑤乙酸-甲醛液（浓甲醛 10ml，冰醋酸 3ml，生理盐水加至 100ml）；⑥过碘酸盐-赖氨酸-多聚甲醛固定液（PLP 液）。

(3) 常用非醛类固定剂：适用于多肽类激素的组织固定，单独使用时，边缘固定效应重，但与戊二醛或多聚甲醛混合使用，效果明显改善。主要有碳化二亚胺和碳化二亚胺-戊二醛液两类。

(4) 常用丙酮及醇类固定剂：其作用是沉淀蛋白质和糖，对组织穿透性很强，保存抗原的免疫活性较好。但醇类对低分子蛋白质、多肽及胞质内蛋白质的保存效果较差，解决办法是和其他试剂混合使用，如冰醋酸、乙醚、氯仿、甲醛等。这类固定剂包括：①Clarke 氏改良剂（100%乙醇 95ml，冰醋酸 5ml），用于冰冻切片的后固定；②乙醚（或氯仿）与乙醇等量混合液，组织穿透性极强，即使涂片上含有过多的黏液，固定效果仍然良好；③AAF 液（95%～100%乙醇 85ml，冰醋酸 5ml，浓甲醛 10ml）；④Carnoy 氏液（100%乙醇 60ml，氯仿 30ml，冰醋酸 10ml，混合后 4℃保存备用）；⑤Methacarm 氏液（甲醇 60ml，氯仿 30ml，冰醋酸 10ml，混合后 4℃保存备用）；⑥丙酮，组织穿透性和脱水性更强，常用于冰冻切片及细胞涂片的后固定，保存抗原性较好，平时 4℃保存备用，临用时，只需将涂片或冰冻切片插入冷丙酮内 5～10min，取出后自然干燥，储存于低温冰箱中备用，其是荧光免疫细胞化学中很常用的固定剂。

3. 染色方法

(1) 浸染法（组织或细胞固定在玻片上浸入染色缸，悬浮细胞在悬液中染色，再涂于玻片上）：适用于染液较多，样品在玻片上固定比较牢固，需要染色时间比较长。染色均匀。

(2) 滴染法（染色液直接滴在固定于玻片上的组织或细胞上）：适用于染液较少，样品在玻片上固定不是很牢固，染色时间较短。染色不易均匀，特别是时间比较长时，需添加染料。

(3) 漂浮法（组织片或培养黏附在一些膜上的组织细胞漂浮于染液上）：适用于较大较厚的组织片，或黏附在一些膜上的组织细胞，染料使用相对较少。由于样品一般是反过来面朝下（染液面），因此特别注意不要在样品与染液间出现气泡。

4. 封裱（固）剂

（1）常用甘油和 0.5mol/L pH 9.0～9.5 的碳酸盐缓冲液的等量混合液。

（2）由于激光共聚焦显微镜观察采集图像很快，因此一般用 PBS 或生理盐水也可以。

（3）如需将染色后的样品保存一段时间，可以用指甲油在盖玻片周围封闭。暗处保存。

（4）一般无须脱水透明及用树胶封片。如果必须脱水透明，封片最好用 DPX。

三、注意事项

（1）利用细胞或组织制作切片时，细胞或组织应当夹在盖玻片与载玻片之间。

（2）盖玻片与载玻片封片时尽量不要出现气泡，否则影响拍照。

第二部分　免疫荧光技术

用免疫荧光技术显示和检查细胞或组织内抗原或半抗原物质等的方法称为免疫荧光细胞（或组织）化学技术。免疫荧光细胞（或组织）化学技术分为直接法、间接法和补体法，以及与亲和化学物质标记荧光素的方法，如 SPA 荧光素标记物、生物素与亲和素、植物血凝素荧光素标记物等。

一、实验目的

显示和检查细胞或组织内抗原或半抗原物质等。

二、实验原理

免疫荧光组化技术是根据抗原-抗体反应的原理，先将已知的抗原或抗体标记上荧光素，制成荧光抗体，再用这种荧光抗体（抗原）作为探针检测组织或细胞内的相应抗原（抗体）。在组织或细胞内形成的抗原-抗体复合物上含有标记的荧光素，荧光素受外来激发光的照射而发生明亮的荧光（黄绿色或橘红色），可以看见荧光所在的组织细胞，从而确定抗原或抗体的性质、定位，以及利用定量技术测定含量。用荧光抗体示踪或检查相应抗原的方法称为荧光抗体法；用已知的荧光抗原标记物示踪或检查相应抗体的方法称为荧光抗原法。这两种方法总称免疫荧光技术，以荧光抗体方法较常用。

三、实验步骤

1. 荧光探针的选择

荧光探针的发展非常迅速，目前仅美国 Molecular Probes 公司就可提供 1800 多种荧光探针，该公司每年还不断推出新的荧光探针。通常每项检测内容或被测物质都有几种或几十种有关的或特异的荧光探针。选择合适的荧光探针是有效进行实验并获取理想实验结果的保障。荧光探针的选择主要从以下几个方面考虑。

（1）现有仪器所配备的激光器。例如，配有氩离子激光器、561nm 固体激光器，甚至白激光，选择的探针需要是所配激光器能够高效率激发的。

（2）荧光探针的光稳定性和光漂白性。在进行荧光定量和动态荧光监测时，要求荧光探针的光稳定性越高越好，也可通过减少激光扫描次数或降低激光强度的方法，来减轻光漂白的程度。但在进行膜流动性或细胞间通讯检测时则需要荧光探针既有一定的光稳定性又要有一定的光漂白性。

（3）荧光的定性或定量。仅做荧光定性或仅是观察荧光动态变化时，选择单波长激发探针，无需制作工作曲线。做定量测量时最好选用双波长激发比率探针，利于制定工作曲线。

（4）荧光探针的特异性和毒性。尽量选用毒性小、特异性高的探针。

（5）荧光探针适用的 pH。大多数情况下细胞的 pH 在生理条件下，但当 pH 不在此范围时，考虑适用该环境 pH 的荧光探针是有必要的。同时应注意染液自身的 pH 会影响带电荷的荧光探针与胞内组分之间的结合，因此在染液的配备时需加以考虑。

不同的荧光探针在不同标本的效果常有差异，除综合考虑以上因素以外，有条件者应进行染料的筛选，以找出最适的荧光探针。此外，许多荧光探针是疏水性的，很难或不能进入细胞，需使用其乙酰羟甲基酯（acetoxymethyl，AM）形式，也就是荧光探针与 AM 结合后变成不带电荷的亲脂性化合物方易于通过质膜进入细胞，在细胞内荧光探针上的 AM 被非特异性酯酶水解，去掉 AM 后的荧光探针不仅可与细胞内的靶结构或靶分子结合且不易透出质膜，从而能有效发挥作用。

2. 固定剂的选择

（1）细胞固定：4%多聚甲醛磷酸缓冲液、丙酮、甲醇和95%乙醇。

根据需要选择不同固定液。丙酮，组织穿透性和脱水性强，抗原保存好，多用于细胞爬片；95%乙醇，脱水性强，易引起组织收缩、变硬。

（2）由于试剂昂贵，通常用滴染（染色湿盒）。

（3）抗体孵育一般为37℃，30min～1h，也可以4℃过夜，视具体情况而定。

（4）常用 PBS、TBS、CBS 缓冲液漂洗，要尽量洗干净，每次洗后吸干标本周围水液。

（5）Triton X-100 的应用——针对细胞膜抗原和胞内抗原。

（6）暗室孵育。

3. 封片

缓冲甘油封固。

4. 检测分析

四、常见问题及解决方法

1. 影响荧光组织细胞染色的一些因素

荧光染料是否发射荧光或荧光的强弱，主要决定于该染料的分子结构。同时，与它所处的环境及其状态也有密切关系，如染色液的 pH、浓度和染色时的温度及缓冲液离子浓度等。

（1）pH：每种荧光素有其最适宜的 pH，改变 pH 即可影响荧光素吸收光能的能力和发射荧光的强度。

（2）染色溶液的浓度：一般荧光素的溶液极淡，增加染液的浓度，荧光亮度也会随之增加，但溶液浓度增加到一定程度时，荧光亮度可达到最大。如果再增加浓度，荧光亮度反而会下降。这是因为溶液的浓度过大，色素分子间相互作用形成缔合分子，缔合分子本身起到了荧光淬灭剂的作用。

（3）温度：有些荧光素在 20℃时即开始出现对荧光的淬灭作用。温度越高淬灭作用越强，以至完全淬灭。因此荧光染色必须在适当的温度下进行，才能获得良好的效果。荧光抗体一般在 37℃或 4℃下进行。FITC 影响不大。

（4）荧光淬灭物质：①卤酸盐，其中以碘离子作用最强，其次为溴离子，氯离子作用最小；②具有氧化作用的物质，如氨基苯、没食子酸、硝基苯等；③某些金属离子，如铁离子、银离子等。

（5）激发光强度：物质的分子和荧光素的结合键有一定强度，如果吸收的激发光能超过了结合键的结合力，很容易使结合键断裂，而造成荧光发生褪色（淬灭和漂白）。对于这种情况可降低激发光的强度。

2. 解决非特异性染色的方法

（1）造成非特异性染色原因：①一部分荧光素未与蛋白质结合，形成了聚合物和衍化物，而不能被透析除去；②抗体以外的血清蛋白与荧光素结合形成荧光素脲蛋白，可与组织成分结合；③除去检查的抗原以外，组织中还可能存在类属抗原（如 Forssman 氏抗原）可与组织中特异性抗原以外的相应抗体结合；④从组织中难以提纯抗原性物质，因此制备的免疫血清往往混杂一些抗其他组织成分的抗体，以致容易混淆；⑤抗体分子上标记的荧光分子太多，这种过量标记的抗体分子带过多阴离子，可吸附于正常组织上而呈现非特异性染色；⑥荧光素不纯，标本固定不当等。

（2）消除非特异性染色的方法（根据原因采取办法）：①动物脏器粉末吸收法，常用肝粉；②透析法：荧光素分子可以通过半透膜，蛋白质分子则不能，用此法，可将未与蛋白质结合的荧光素透析除去；③葡聚糖凝胶 G-50 柱层析法，去除游离荧光素；④DEAE 纤维素柱层析法；⑤荧光抗体稀释法；⑥纯化抗原法；⑦纯化抗体法；⑧伊文氏蓝衬染法，用 0.01%伊文氏蓝的 0.01mol/L pH 7.2 PBS 稀释荧光抗体，可将背景细胞和组织染色，呈红色荧光，与其他如黄绿色荧光形成鲜明对比，减少了非特异性荧光；⑨用胰酶消化组织切片或用 10%（1%）牛血清白蛋白封闭法消除非特异性染色，提高特异性染色；⑩用高渗盐浸洗，降低荧光亮度，降低非特异性染色背景。

（3）其他问题解决方法：①若切片或其他标本经过某种荧光抗体染色后，未获得阳性结果，而又怀疑有另外的病原体（抗原）存在时，可用相应的荧光抗体再染色；②有时存档蜡块不能再用于切片，也可用存档的 HE 染色标本，褪去盖片和颜色，再做免疫荧光染色，但要注意 HE 本身的自发荧光问题。

五、思考题

1. 简述激光共聚焦显微镜在生命科学领域应用在哪些方面。
2. 激光共聚焦观察样品如何处理？
3. 简述选择最佳固定剂的标准。
4. 消除非特异性染色的方法有哪些？
5. 试述封裱（固）剂的选择标准？

第三部分 示例图片

几组共聚焦显微镜的应用示例图片如图 19-3～图 19-8 所示。

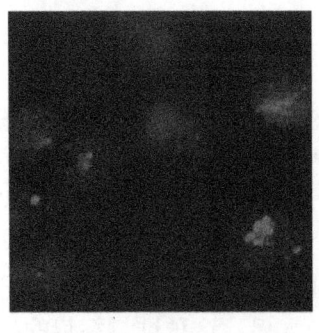

图 19-3 游离钙离子含量测定

红色荧光部分为标记的钙离子

图 19-4 细胞内蛋白质的迁移

蓝色标记部分为细胞核,红色标记部分为蛋白质从细胞核内迁出

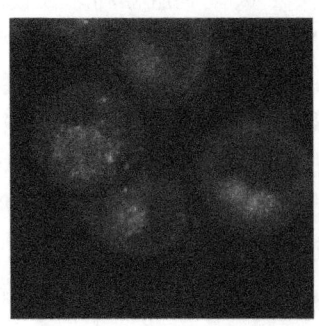

图 19-5 药物干预后细胞内自噬体的测定

绿色荧光标记的小点为自噬体

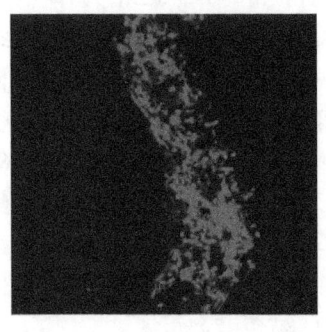

图 19-6 小肠壁黏附菌落的形貌和厚度测定

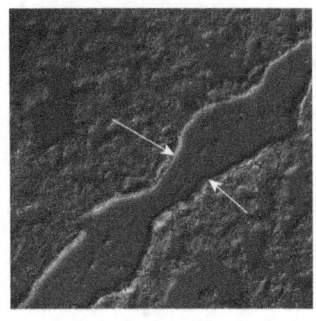

图 19-7 共聚焦的 DIC 图片

图中箭头标记部分为迁移带的宽度

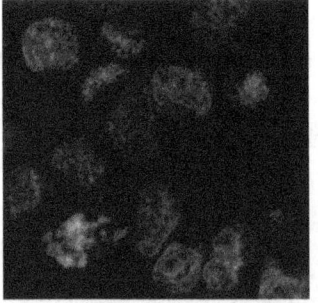

图 19-8 药物干预后细胞核内药物的分布

蓝色荧光部分为 DAPI 标记的细胞核,绿色为药物分布情况

以上彩图可用手机扫描各图右侧二维码访问浏览。

(卞铁荣　李　燕)

实验二十　焦磷酸测序技术

一、实验目的

1. 掌握焦磷酸测序技术的原理。
2. 了解焦磷酸测序技术操作步骤和测序系统的使用。

二、实验原理

焦磷酸测序技术（pyrosequencing）是由 4 种酶催化的同一反应体系中的一种新型酶级联化学发光反应。其原理是：引物与模板进行 DNA 退火反应后，在 DNA 聚合酶（DNA polymerase）、ATP 硫酸化酶（ATP sulfurylase）、腺苷三磷酸双磷酸酶（apyrase）和荧光素酶（luciferase）4 种酶的协同作用下，将引物上每一个 dNTP 的聚合与一次荧光信号的释放偶联起来，通过检测荧光的释放和强度，达到实时测定 DNA 序列的目的。焦磷酸测序技术的反应体系由反应底物、待测单链、测序引物和 4 种酶构成。反应底物为 5′-磷酰硫酸（adenosine-5′-phosphosulfat，APS）和荧光素（luciferin）。在每一次测序反应中，反应体系中只加入一种脱氧核苷酸三磷酸（dNTP）。若其能和模板配对，则会在 DNA 聚合酶的作用下，添加到测序引物的 3′端，同时释放出一个分子的焦磷酸（PPi）。在 ATP 硫酸化酶的作用下，生成的 PPi 和 APS 结合形成 ATP，并在荧光素酶的催化下，生成的 ATP 又可以和荧光素结合形成氧化荧光素，同时产生可见光（图 20-1）。通过系统检测装置及处理软件可获得一个检测峰，峰值的高低则与相匹配的碱基数成正比。如果加入的 dNTP 不能和模板碱基配对，则上述反应不会发生，也就没有检测峰。反应体系中剩余的 dNTP 和残留的少量 ATP 会在 Apyrase 的作用下发生降解。待上一轮反应完成后，加入另一种 dNTP，继续重复上述反应，最后根据获得的峰值图即可读取准确的 DNA 序列信息。

焦磷酸测序法适用于对已知的短序列的测序分析，其可重复性和精确性能与 Sanger DNA 测序法相媲美，而速度却显著提高（图 20-1）。焦磷酸测序技术在研究单核苷酸多态性（single nucleotide polymorphism，SNP）、遗传多态性、植物多态性分析、分子诊断细菌与病毒分型、甲基化分析、法医鉴定及药物基因组学等方面都有广泛的应用。该技术不需要凝胶电泳，也不需要对 DNA 样品进行任何特

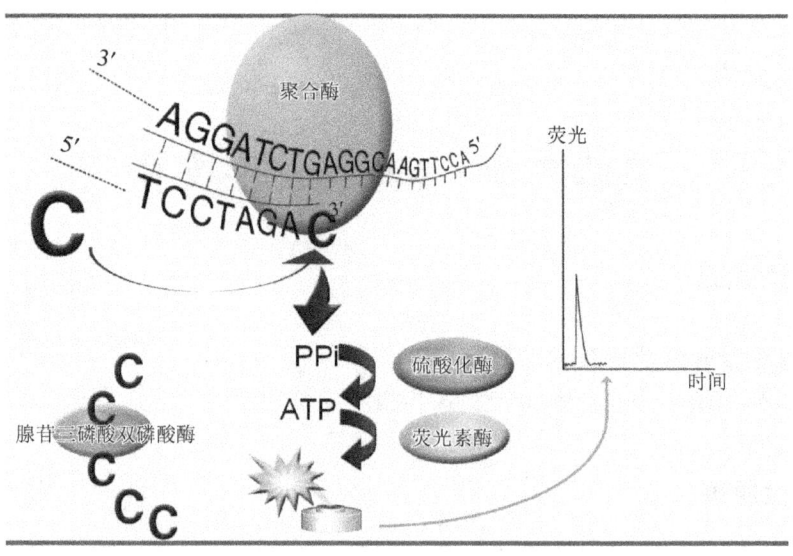

图 20-1 焦磷酸测序原理示意图

殊形式的标记和染色，具有大通量、低成本、快速、直观的特点。该技术进行改进后可以满足上百个核苷酸序列的测序工作，因此该技术又可以满足对重要微生物的鉴定与分型，还可用于特定 DNA 片段的突变检测和克隆鉴定等方面。本实验主要基于 QIAGEN 公司的 PyroMark Q24 ID 平台介绍。

三、材料、试剂仪器

微量移液器、微量移液器吸头、微量离心管、离心机、PCR 仪、焦磷酸测序仪。

四、实验步骤

（一）引物设计

（二）基因特异性 PCR

详细参见实验四。

（三）焦磷酸测序固相单链模板的制备（基于真空工作站）

（1）打开真空开关，在真空过滤探头（vacuum filter probe，VFP）中施加真空。

(2) 小心降下过滤探针至 PCR 孔板（或联排管）中，以捕获含有固定模板的微珠。保持过探针在原位 15s。小心取出 VPT。

(3) 确保所有孔槽中的液体被吸出并且所有微珠都已被捕获到过滤探针的顶端（如果孔槽中仍含有液体或保留有白珠，则有必要更换过滤探针）。

(4) 将 VPT 转移至含有 70%乙醇的试剂槽中（试剂槽 1）。冲洗过滤探针 5s。

(5) 将 VPT 转移至含有变性溶液的试剂槽中（试剂槽 2）。冲洗过滤探针 5s。

(6) 将 VPT 转移至含有洗脱缓冲液的试剂槽中（试剂槽 3）。冲洗过滤探针 10s。

(7) 抬高 VPT 超过 90°垂线 5s，从过滤探针中排液。

(8) 握持 VPT 到 PyroMark Q24 孔板上时，应关闭装置上的真空开关（Off）。

(9) 通过左右轻摇 VPT，释放珠子至含测序引物的孔板中。

(10) 在真空开关关闭时（Off），将 VPT 转移至含有高纯度水的试剂槽中（试剂槽 4），并振荡 10s。

(11) 降下探针至含高纯度水的第二个试剂槽中（试剂槽 5）并施加真空，清洗探针。用 70ml 高纯度水冲洗过滤探针。

(12) 抬高 VPT 至 90°垂线 5s，从过滤探针中排液。

(13) 关闭 VPT 上的真空开关（Off），并将其置于静止（P）位。

(14) 如果一次制备超过一块孔板，重新填充试剂槽[第(2)步]并从第(8)步开始重复。关闭真空泵。

(15) 在工作日结束时，应当丢弃液体废物和任何剩余溶液，同时检查 PyroMark Q24 真空工作站有无灰尘和泄漏。

（四）测序引物与模板结合

(1) 使用 PyroMark Q24 孔板底座和一个加热块来加热含有样本的 Pyro 板至 80℃持续 2min。

(2) 从孔板底座上取下孔板，使样本在室温（15~25℃）下冷却至少 5min。此时孔板可在 PyroMark Q24 仪器中进行处理。

（五）焦磷酸测序反应

(1) 设计程序，可根据实验选择相应的分析程序：①AQ Assay，等位基因和 SNP 分析；②CPG Assay，甲基化分析；③SQA Assay，未知序列测序。

(2) 打开试剂盒并取出含有酶和底物冻干粉的小瓶，以及含有核苷酸的试管。

(3) 根据试剂手册，计算所需的试剂体积并加入试剂仓中。
(4) 选择相应的运行文件，启动运行。
(5) 运行结束后，分析实验结果。

五、注意事项

（1）引物设计至关重要，应按照引物设计的原则，使用相应软件设计并优化引物。PCR 引物（其中一条有生物素标记）必须经高效液相层析（high performance liquid chromatography，HPLC）纯化或相当处理。

（2）PCR 过程产生的过渡生物素酰化引物和人造产物会对焦磷酸测序产生干扰。特制的预混液可避免形成生物素酰化引物聚合物，并将人造产物的生成降至最低。亚硫酸氢盐处理后基因组 DNA 将未甲基化的胞嘧啶转化为尿嘧啶，造成 DNA 主要由 3 种碱基组成。较简单的 DNA 对于 PCR 来说是一个相对困难的起始模板，且 PCR 产量可能较低。DNA 复杂性的降低引起错配率的提高，从而产生非特异性产物。高产量的特异性 PCR 产物确保可靠的焦磷酸测序结果。

（3）实验中应注意：所有溶液都应达到室温；96 孔检测板中预先加入测序引物和 annealing buffer 混合液；使用 vortex 混匀 sepharose beads；混合 sepharose bead 和 binding buffer；将以上混合物加入 PCR 产物；1400r/min 震荡 10～15min，确认磁珠完全悬浮。对于较长片段，可适当延长混匀时间。

六、思考题

1. 简述焦磷酸测序技术的原理。
2. 焦磷酸测序技术主要注意事项有哪些？

（李　燕）

实验二十一　淋巴细胞的分离

一、实验目的

掌握从全血中分离淋巴细胞的原理和方法。

二、实验原理

细胞分离（cell isolation）是将不同种类细胞彼此分离的技术。可以根据细胞本身的某些特殊性质选择合适的分离技术，这些特性包括：细胞大小、细胞密度、细胞表面电荷、细胞表面标志、细胞对其他介质的吸附作用等。根据这些特性的不同，其主要的分离方法有离心法、流式细胞术、电泳技术、免疫磁珠分离法、亲和板结合法和吸附分离法等。本次实验采用密度梯度离心法分离淋巴细胞。外周血液中单个核细胞包括淋巴细胞和单核细胞，其体积、形态和密度与其他细胞不同，红细胞和多核粒细胞密度较大，为 1.092 左右，而单个核细胞密度为 1.075～1.090，血小板为 1.030～1.035。利用一种密度为 1.075～1.092 且近于等渗的溶液（称为分层液）做密度梯度离心，使一定密度的细胞按相应的密度梯度分布，从而将各种血细胞与单个核细胞分离，单个核细胞密度与分层液密度相近，因此单个核细胞位于分层液上层交界处。密度梯度离心分离法获得的淋巴细胞主要混合在单个核细胞悬液中，由于淋巴细胞在数量上占单个核细胞的大多数，因此，单个核细胞有时也可大致代表淋巴细胞直接用于某些实验。

单个核细胞悬液主要含淋巴细胞，但一般还混杂有数量不等的单核细胞及少量粒细胞、红细胞和血小板。为获得高纯度的淋巴细胞，可采用如下分离去除方法。

（一）红细胞的去除

一般采用无菌蒸馏水低渗裂解法或 0.83%氯化铵处理法。

（二）血小板的去除

将单个核细胞（PBMC）悬液通过离心洗涤 2～3 次，常可去除 PBMC 中绝大部分混杂的血小板。在某些疾病状态下，若外周血中血小板数量异常增多，可采用胎牛血清（FCS）梯度离心法去除 PBMC 中混杂的血小板。

（三）单核细胞和粒细胞的去除

1. 黏附去除法

利用单核细胞和粒细胞具有黏附玻璃、塑料和葡聚糖凝胶的特性，通过 PBMC 与玻璃或塑料平皿的黏附作用，采集的非黏附细胞即为淋巴细胞。

2. 羰基铁粉吞噬法

单核细胞具有吞噬羰基铁粉的能力，吞噬羰基铁粉后的单核细胞密度增大，再经聚蔗糖-泛影葡胺分层液密度梯度离心后，则单核细胞沉积于管底而被去除。也可在单核细胞悬液内加入羰基铁粉颗粒，待单核细胞充分吞噬羰基铁粉后，用磁铁将细胞吸至管底，上层液中即含较纯的淋巴细胞。

3. 苯丙氨酸甲酯去除法

苯丙氨酸甲酯（PME）具有亲溶酶体性质，能渗入细胞溶酶体内被水解为游离氨基酸，导致溶酶体内因渗透压改变而破裂，释放出的酶类物质可引起细胞溶解。用该法可溶解含溶酶体的细胞，如单核细胞、粒细胞和成纤维母细胞等，B 细胞和大多数 T 细胞因缺乏溶酶体酶，所以不受影响，因此分离得到淋巴细胞。

三、材料、试剂与仪器

1. 材料

新鲜全血。

2. 试剂

生理盐水、淋巴细胞分离液（密度：1.077 ± 0.001，商品名为 Ficoll 分离液）。

3. 仪器

10ml 离心管、1ml 刻度吸管、水平离心机等。

四、实验步骤

（1）取抗凝血 5ml，加入等体积的生理盐水，混匀。若细胞用于培养或细胞功能检测建议使用 PBS、Hank's 或无血清的细胞培养基稀释全血。抗凝剂最好使用 EDTA 抗凝（肝素对 PCR 扩增有抑制，且很难在核酸提取过程中完全去除）。

（2）取 2ml 淋巴细胞分离液加入 10ml 的离心管中。

（3）取 3ml 步骤（1）制备的细胞悬液（混匀）沿管壁小心加于细胞分离液面上（图 21-1）。也可先加细胞悬液，然后把淋巴细胞分离液轻轻地加到离心管底部（图 21-2）。

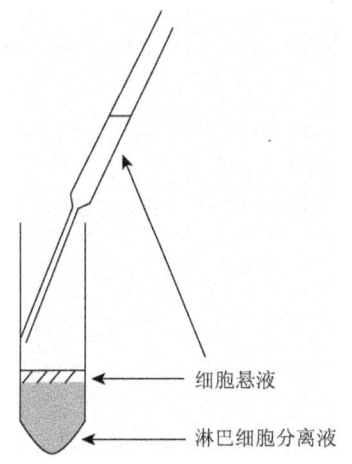 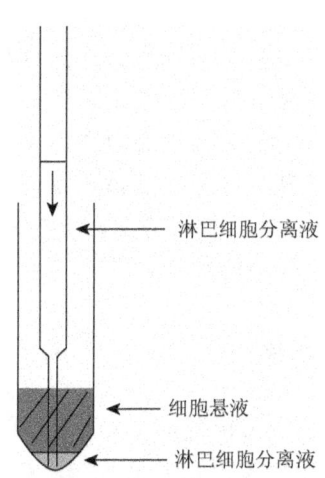

图 21-1 淋巴细胞分离操作示意图（1）　　图 21-2 淋巴细胞分离操作示意图（2）

（4）4℃，2000r/min 离心 20min。

（5）离心完成后，出现一层界面清楚的淋巴细胞悬液（图 21-3）。不同的离心机转速参数不一样，如发现淋巴细胞层含有红细胞，可加大离心速度或延长离心时间。

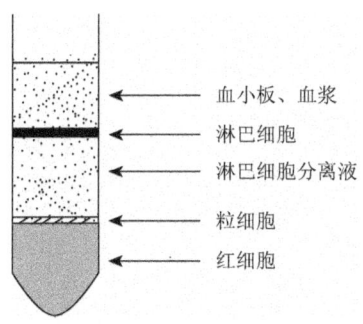

图 21-3 血液分层示意图

（6）收集界面上的淋巴细胞到另一试管中，注意尽量不要吸到淋巴细胞分离液。加入 4~5ml 的生理盐水，充分混匀后，4℃，1200r/min 离心 10min，去掉上清液。

（7）加入 3ml 生理盐水，混匀以后，4℃，800r/min 离心 5min，去掉上清液即得到所需的细胞。若暂不提取核酸，可保存于-70℃。

五、注意事项

（1）抗凝血必须进行充分稀释，将稀释液加在淋巴细胞分离液上层时，必须保持两种液体界面清晰。

（2）用毛细吸管吸取淋巴细胞层时，要掌握好力度，在细胞层上各个方向吸取，勿吸到其他层的液体或细胞，吸取时勿使各层细胞相混。

（3）抽取外周静脉血时要注意无菌操作。操作全程应尽可能在短时间内完成，以免增加死细胞数目。

六、思考题

1. 简述淋巴细胞分离的原理。
2. 如何选择和使用离心机？
3. 所获得的分离细胞有什么用途？

（唐小平）

实验二十二 流式细胞实验技术（FCM）

流式细胞术（flow cytometry）是 20 世纪 70 年代发展起来的一种利用流式细胞仪对细胞等生物粒子的理化及生物学特性（细胞大小、DNA/RNA 含量、细胞表面抗原表达等）进行定量、快速、客观多参数相关检测分析的新技术。它借鉴了荧光显微技术与细胞计数原理，同时利用荧光染料、激光技术、单抗技术及计算机技术的发展，显著提高了检测速度与统计精确性。而且从同一个细胞中可以同时测得多种参数，为生物医学与临床检验学的发展提供了一个全新的视角和强有力的方法。流式细胞仪（flow cytometer）是集激光技术、电子物理技术、光电测量技术、电子计算机技术、细胞荧光化学技术、单克隆抗体技术为一体的一种新型高科技仪器，常分为两种：一种带分选细胞功能，一种不带分选功能。

FCM 在生命科学中的应用，标志着细胞生物学、肿瘤学、免疫学等进入了细胞和分子水平，为认识细胞的微观结构及横向比较特征提供了精密、准确的方法。

一、工作原理

将待测细胞染色后制成单细胞悬液，用一定压力将待测样品压入流动室，不含细胞的磷酸缓冲液在高压下从鞘液管喷出，鞘液管入口方向与待测样品流成一定角度，这样，鞘液就能够包绕着样品高速流动，组成一个圆形的流束，待测细胞在鞘液的包被下单行排列，依次通过检测区域。

流式细胞仪通常以激光作为发光源。经过聚焦整形后的光束，垂直照射在样品流上，被荧光染色的细胞在激光束的照射下，产生散射光和激发荧光。这两种信号同时被前向光电二极管和 90°方向的光电倍增管接收。光散射信号在前向小角度进行检测，这种信号基本上反映了细胞体积的大小；荧光信号的接收方向与激光束垂直，经过一系列双色性反射镜和带通滤光片的分离，形成多个不同波长的荧光信号。

这些荧光信号的强度代表了所测细胞膜表面抗原的强度或其核内物质的浓度，经光电倍增管接收后可转换为电信号，再通过模/数转换器，将连续的电信号转换为可被计算机识别的数字信号。计算机把所测量到的各种信号进行计算机处理，将分析结果显示在计算机屏幕上，也可以打印出来，还可以数据文件的形式存储在硬盘内以备日后查询或进一步分析。

检测数据的显示视测量参数的不同有多种形式可供选择。单参数数据以直方图的形式表达，其 X 轴为测量强度，Y 轴为细胞数目。一般来说，流式细胞仪坐标轴的分辨率有 512 或 1024 通道数，视其模数转换器的分辨率而定。对于双参数或多参数数据，既可以单独显示每个参数的直方图，也可以选择二维的三点图、等高线图、灰度图或三维立体视图。

细胞的分选是通过分离含有单细胞的液滴而实现的。在流动室的喷口上配有一个超高频电晶体，充电后振动，使喷出的液流断裂为均匀的液滴，待测定细胞就分散在这些液滴之中。将这些液滴充以正负不同的电荷，当液滴流经带有几千伏特的偏转板时，在高压电场的作用下偏转，落入各自的收集容器中，不予充电的液滴落入中间的废液容器，从而实现细胞的分离（图 22-1）。

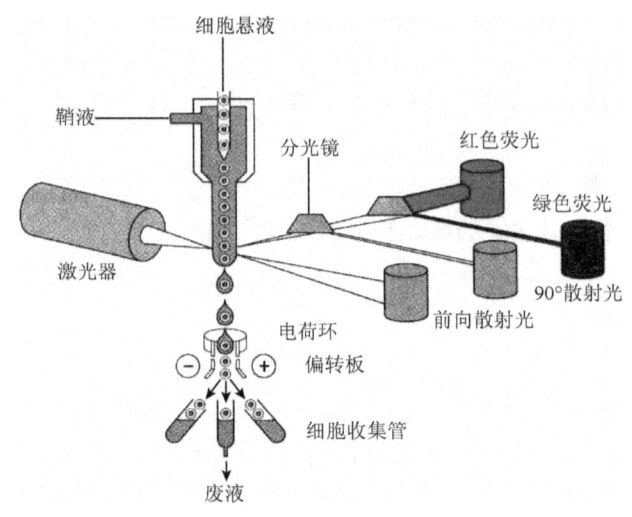

图 22-1　流式细胞仪工作原理图

二、分析型流式细胞仪的应用

（一）淋巴细胞及其亚群的分析

可以做 T 细胞、B 细胞、NK 细胞等检测，T 细胞分为 Tc 细胞、Th 细胞。

（二）细胞因子的检测

用流式细胞仪测定细胞内细胞因子是一大进步。在免疫反应中，细胞因子担当了重要的角色。几乎所有的细胞因子均可由各种不同类型的细胞在体外产生。但利用生物测定技术、酶标法或 PCR 技术不能回答某一特定的细胞因子在体内究竟是由哪种细胞产生的，即使将细胞分离制备出来，由于存在污染其他细胞的可能性，结果仍然缺乏可靠性。理想的测定技术应使细胞因子的检测能在可区分其表型的单细胞中进行，细胞内细胞因子染色和流式细胞术则可满足这些要求。即流式细胞术可同时回答某种细胞因子是来源于哪种细胞表型阳性的细胞。

细胞因子是细胞分泌的蛋白质，采用对细胞膜打孔的技术，可以让标记好的大分子抗体物质进入细胞内染色。用这样的方法测定细胞因子比外周血测定要精确，但是试剂比较贵。常用的打孔剂有 Saponin（皂角苷）、TritonX-100，有的也用乙醇来打孔，但使用最多的是 TritonX-100。

（三）白血病的免疫学分型

由于血细胞在其分化的不同阶段，承担不同功能时有不同的特征抗原表达，因此 FCM 结合单克隆抗体的应用可以提高白血病分类诊断的符合率，根据白血病细胞所表达的相关细胞种系的 CD 抗原的不同，可对白血病进行分类和分期，如将其分为 T 细胞系、B 细胞系、髓细胞系、红细胞系和巨核细胞系。

（四）细胞凋亡的检测

膜黏蛋白的检测：凋亡用 Annexin V-FITC，坏死用 PI。后面有详细介绍。
末端转移酶的检测：原理是凋亡的时候，核酸内切酶被激活，将 DNA 切割成很多片段，暴露出很多的 3'端，再用标记了的 dUTP（脱氧尿嘧啶核苷三磷酸）补缺口，则可以特异性的显示凋亡细胞。还有 Fas 和 Fas 受体等。

（五）DNA 细胞周期的检测

细胞内的 DNA 含量随细胞周期进程发生周期性变化，如 G_0/G_1 期的 DNA 含量为 $2C$，而 G_2 期的 DNA 含量是 $4C$。利用 PI 标记的方法，通过流式细胞仪对细胞内 DNA 的相对含量进行测定，可分析细胞周期各时相的百分比。

（六）血小板的检测

注意设置参数，因为血小板不如其他细胞大，它很小，所以参数要改变。

三、分选型流式细胞仪的应用

(一) 普通细胞的分选

流式细胞仪能够根据每个细胞的光散射和荧光特征,将特定需要的细胞从细胞群体中分选出来,每次一个细胞。因此人们又常常将流式细胞仪称为荧光激活细胞分选仪。

(二) 低含量、连续表达细胞同时进行高速多路分选

例如,小鼠新鲜胸腺细胞进行高速 4 路分选,4 群连续低表达的细胞群将被高纯度分离,分别分选到 4 个收集瓶中。

(三) 肿瘤干细胞分选

肿瘤干细胞通常缺乏特异性标记,含量又很低,所以很难被检测到。肿瘤干细胞和普通肿瘤细胞相比,细胞膜含有有泵动功能的 ABC 等蛋白家族,是肿瘤耐药和复发的决定性因素,因此对肿瘤干细胞的研究具有重要意义。利用其细胞膜的泵动功能,以小分子活性染料 Hoechst33342 对肿瘤样本平衡染色,可以检测到因为泵出 Hoechst33342 而着色较少的侧群细胞(SP),此即为肿瘤干细胞。利用泵蛋白抑制剂 Verapamil 同时染色,可以看到侧群细胞比例明显减少或全部消失,能确认 SP 细胞的位置。其他干细胞,如间充质干细胞、神经干细胞、造血干细胞、各种成体干细胞等都可以用这种方法来进行筛选。分析出的 SP 细胞群和非 SP 细胞群,可以研究基因和蛋白质表达差异、致病机制、药物筛选等生命科学的重大课题(图 22-2)。

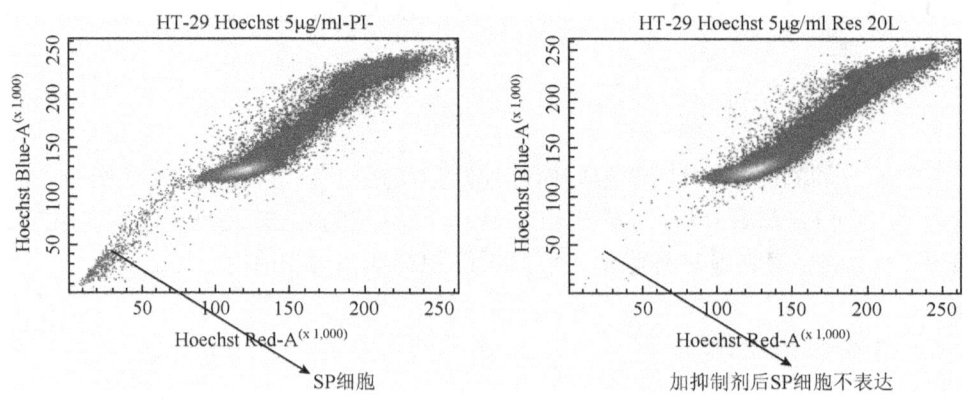

图 22-2　肿瘤干细胞分选示意图

（四）染色体、精子分析分选

不同染色体之间的 DNA 含量差异很小，普通的 DNA 染料无法精确区分 23 对染色体。利用高功率紫外激光激发的 Hoechst33258 和 CA3 分别对染色体的 DNA 进行染色。不同的染色体因其 G-C/A-T 碱基对的比例不同而被分离开，选中任何一条染色体设门后即可进行高纯度分选。例如，对牛精子分选进行人工授精生产小奶牛在畜牧业上有很大的经济效益，海洋业也同样广泛应用。

四、流式细胞样品的制备和检测

第一部分　实体组织单细胞悬液的制备

一、实验目的

掌握单细胞悬液制备的方法。

二、实验原理

常用的方法有机械法、酶处理法、化学试剂处理法和表面活性剂处理法 4 种。通过破坏组织间的胶原纤维，水解组织间的黏多糖和分解组织间的蛋白质物质，使组织细胞分解为单个细胞。实体组织单细胞悬液的制备，最好采用机械法，因化学法或酶处理方法分解制备单细胞悬液，极易造成细胞碎片的增加、细胞膜结构和抗原的损伤。本实验重点介绍机械法。

三、材料、试剂与仪器

1. 材料

实体组织。

2. 试剂

（1）0.01mol/L 磷酸缓冲液（PBS）：称取 7.9g NaCl，0.2g KCl，0.24g KH_2PO_4（或 1.44g Na_2HPO_4），1.8g K_2HPO_4，溶于 800ml 蒸馏水中，用 HCl 调节溶液的 pH 至 7.4，最后加蒸馏水定容至 1L。保存于 4℃冰箱中即可。

（2）1%台盼蓝：称取 1g 台盼蓝，溶于 100ml 蒸馏水。

3. 仪器

眼科剪、离心机、200 或 300 目尼龙网、研磨器、光学显微镜、微量移液器等。

四、实验步骤

（1）取新鲜实体组织，放入平皿中，用适量的磷酸缓冲液（PBS）除去组织表面的血液及血凝块。

（2）剪碎法：加入少量 PBS，用眼科剪将组织剪至匀浆状。加入 10ml PBS，用吸管吸取组织匀浆，用 300 目尼龙网过滤到试管内。

研磨法：先将组织剪碎，放入组织研磨器内，加入 2ml PBS；缓慢转动研棒，研磨至匀浆。加入 8ml PBS，用吸管吸取组织匀浆，用 300 目尼龙网过滤到试管内。

网搓法：将 300 目尼龙网扎在小烧杯上。把剪碎的组织放网上，以眼科镊子轻搓组织块，边搓边以 PBS 冲洗，直到组织搓完。

（3）离心沉淀 1500r/min，3min。

（4）用 PBS 洗 3 次，每次以 500～800r/min 瞬时低速离心除去细胞碎片。

（5）以 300 目尼龙网过滤去细胞团块。

（6）细胞计数，并调整细胞浓度为 $2\times10^6 \sim 5\times10^6$/ml，常温下放置。

（7）取 9 份细胞悬液，加 1 份台盼蓝溶液混匀后，于 4℃冰箱静置 20min，用计数板在光镜下分别计数活细胞和死细胞。

五、注意事项

（1）首先保证被检测的材料新鲜，若细胞出现死亡和自溶以后会影响抗原的特性和凋亡的检测，DNA 的断裂影响细胞周期的检测。

（2）控制机械用力强度是保证获取更多单细胞的关键。同时获取的完整单细胞应具有一定的含量，才能保证检测的准确性和代表性。

（3）实体组织制备单细胞悬液，常常混有大量的红细胞，如果是用于细胞膜和细胞质抗原检测，需要溶解红细胞，以去除干扰。

（4）样品的准备。评价一个样品制备的优劣，可有 3 个评价指标：①细胞的密度，不能低于 1×10^6/ml；②非特异荧光，不超过 1%；③细胞碎片和聚集体，不能出现肉眼可见的团块。

第二部分 培养细胞单细胞悬液的制备

一、实验目的

掌握培养细胞单细胞悬液制备的方法。

二、实验原理

0.25%胰蛋白酶分解组织间的蛋白质物质，或者用 0.04% $EDTA-Na_2$ 将组织细胞粘连作用的钙离子、镁离子置换出来，而达到细胞分解的目的。

三、材料、试剂与仪器

1. 材料

培养细胞。

2. 试剂

（1）0.04% $EDTA-Na_2$：称取 0.04g $EDTA-Na_2$，溶于 100ml 蒸馏水。

（2）0.25%胰蛋白酶：称取 0.25g 胰蛋白酶，溶于 100ml 蒸馏水。

（3）0.01mol/L 磷酸缓冲液（PBS）：称 7.9g NaCl，0.2g KCl，0.24g KH_2PO_4（或 1.44g Na_2HPO_4）和 1.8g K_2HPO_4，溶于 800ml 蒸馏水中，用 HCl 调节溶液的 pH 至 7.4，最后加蒸馏水定容至 1L。保存于 4℃冰箱中即可。

（4）1%台盼蓝：称取 1g 台盼蓝，溶于 100ml 蒸馏水。

3. 仪器

离心机、300 目尼龙网、注射器、光学显微镜、微量移液器、吸管等。

四、实验步骤

（1）对数生长期细胞，加 0.25%胰蛋白酶或者 0.04% $EDTA-Na_2$ 消化，弃消化液。

（2）加 PBS 液用吸管将细胞自瓶壁上轻轻吹打下来，并移入离心管中。

（3）均匀吹打，800～1000r/min 离心 5min，弃上清液。

（4）加 2ml PBS 洗涤，800～1000r/min 离心 5min，弃上清，以去除液体中的细胞碎片。

（5）用吸管反复吹打细胞使其成为单细胞状态，注意吹打用力的均匀性。

（6）如以悬浮法培养的细胞或者细胞呈悬浮生长，则不需要消化。无论贴壁的细胞或是悬浮的细胞，所制的 FCM 样品中，死细胞数不宜超过 5%，以免影响测试结果。

（7）如暂时不能测定需保存样品，则在制成单细胞悬液后，加入 70% 乙醇（冰冷）固定，并存放于 4℃冰箱，一般保存时间为一周。

五、注意事项

与第一部分实体组织单细胞悬液的制备的注意事项基本一致。

第三部分 外周血 T 淋巴细胞的检测

一、实验目的

掌握细胞膜抗原的检测。

二、实验原理

淋巴细胞主要分为 T 细胞、B 细胞、NK 细胞，均有各自不同的功能，对 T 淋巴细胞抗原的检测可以了解细胞功能、亚群比例及疾病的发生、发展。外周血成熟 T 淋巴细胞特有的标志是 TCR，CD3 是重要的表面抗原。再按 CD 分子不同的表达，T 细胞又分为 $CD4^+$ 和 $CD8^+$。不同荧光标记的特异性单克隆抗体 CD3、CD4、CD8，与 T 淋巴细胞膜抗原结合，带荧光标记的细胞经流式细胞仪检测，对外周血 T 淋巴细胞进行定量分析。

三、材料、试剂与仪器

1. 材料

外周血 T 淋巴细胞。

2. 试剂

（1）红细胞溶解剂：甲酸 1.2ml/L、稳定剂。

（2）白细胞稳定剂：碳酸钠 Na_2CO_3 6g，氯化钠 NaCl 14.5g，硫酸钠 Na_2SO_4 31.3g，稳定剂。

（3）细胞膜固定剂：多聚甲醛 10g/L、稳定剂。
（4）特异性单克隆抗体 CD3、CD4、CD8。
（5）同性对照抗体 IgG1。

3. 仪器

振荡器、离心机、微量移液器等。

四、实验步骤

（1）吸取 100μl 抗凝血，确认试管内壁和顶部未粘有血液。
（2）加入 20μl 特异性单克隆抗体 CD3、CD4、CD8，混匀。
（3）同性对照：吸取 100μl 抗凝血加入 20μl 同性对照抗体，混匀。
（4）室温、避光放置 20min。
（5）在振荡器上，边振荡边加红细胞溶解剂 650μl，白细胞稳定剂 265μl，上机检测。
（6）如果不立即上机器检测，1500r/min 离心 5min，弃上清，加入 1ml 细胞膜固定剂。
（7）上机器检测前，离心弃上清，加入 500μl PBS 上机检测。

五、注意事项

（1）如果白细胞计数在 3000～10 000 细胞/μl 的限度以外，可能需要调节细胞浓度到适当浓度，建议用自身血浆稀释。
（2）试管内壁和顶部未溶解红细胞会污染最终样品，从而导致错误结果，用棉签擦掉粘在试管上的残余血滴。
（3）可根据不同厂家试剂，按说明书操作。
（4）抗体的选择：一定要选择商业化的流式用单克隆抗体，此类抗体在制备过程中有严格的质控，非特异荧光弱。最好用直标抗体，如果用间标抗体，二抗的选择更应严格。

第四部分　凋亡检测（Annexin V-FITC/PI）

一、实验目的

掌握一种常用的细胞凋亡检测方法。

二、实验原理

在正常细胞中，磷脂酰丝氨酸只分布在细胞膜脂质双层的内侧，细胞发生凋亡早期，膜磷脂酰丝氨酸（PS）由脂膜内侧翻向外侧。Annexin V 是一种磷脂结合蛋白，与磷脂酰丝氨酸有高度亲和力，故可通过细胞外侧暴露的磷脂酰丝氨酸与凋亡早期细胞的细胞膜结合。因此 Annexin V 被作为检测细胞早期凋亡的灵敏指标之一。在细胞发生凋亡时，膜磷脂酰丝氨酸外翻的发生早于细胞核的变化，而此阶段碘化丙啶（propidium iodide，PI）不能通过细胞膜。细胞坏死时，虽然也会发生磷脂酰丝氨酸外翻，但此时细胞膜的通透性明显增加，PI 等核酸染料进入细胞与细胞核中的核酸结合，发出红色荧光。因此 Annexin V-FITC（绿色荧光）常与鉴定细胞死活的核酸染料（如 PI）合并使用，来区分凋亡细胞与死亡细胞。

三、材料、试剂与仪器

1. 材料

单细胞悬液。

2. 试剂

（1）0.01mol/L 磷酸缓冲液（PBS）：称 7.9g NaCl，0.2g KCl，0.24g KH_2PO_4（或 1.44g Na_2HPO_4）和 1.8g K_2HPO_4，溶于 800ml 蒸馏水中，用 HCl 调节溶液的 pH 至 7.4，最后加蒸馏水定容至 1L。保存于 4℃冰箱中即可。

（2）Annexin V-FITC/PI 凋亡试剂盒：Annexin V-FITC、PI、10×缓冲液。

（3）1%的甲醛。

3. 仪器

振荡器、离心机、微量移液器等。

四、实验步骤

（1）单细胞悬液的制备见实验第一部分和第二部分。
（2）取 100μl 调节好浓度的细胞悬液到流式管底部。
（3）加入 Annexin V-FITC 5μl、PI 染料 2μl。
（4）均匀混合，室温避光反应 10min。

（5）向流式管中加入 400μl 1×结合缓冲液，重悬后及时上流式细胞仪进行分析（建议设置对照管）。

（6）阴性对照：100μl 调节好浓度的细胞悬液加入 400μl 结合缓冲液，上流式细胞仪进行分析。

（7）PI 染料阳性细胞对照：100μl 调节好浓度的细胞悬液，离心，加入 1ml 1% 的甲醛，冰上放置 30min，离心去掉上清，PBS 洗涤，离心，加 500μl 1×结合缓冲液，重悬后及时上流式细胞仪进行分析。

五、注意事项

（1）可根据不同厂家试剂，按说明书操作。
（2）死亡细胞应不要超过 5%，否则导致错误结果。
（3）注意抗体的选择。

六、流式细胞检测的质量控制

首先要构建直方图，根据需要测定的参数和相互之间的关系来选择建立什么样的直方图。

（一）样品质量控制

评价一个样品制备的优劣，可有 4 个评价指标：①细胞的密度，不能低于 1×10^6/ml；②非特异荧光，不超过 1%；③细胞碎片和聚集体，不能出现肉眼可见的团块；④死细胞不超过 5%。

（二）抗体的质量控制

一定要选择商业化的流式用单克隆抗体，此类抗体在制备过程中有严格的质控，非特异荧光弱。颜色干扰小，最好用直标抗体，如果用间标抗体，二抗的选择更应严格。

（三）免疫检测的质量控制

同型对照设置：同型对照为免疫荧光标记中的阴性对照，选用与所要检测的特异抗体相同源性的未标记单抗作为同型对照来调整电流电压等阴性参数。即如果单抗 CD3-PE 是大鼠的 IgG1，那么同型对照就要选用相同公司未标记 CD3 的大鼠的 IgG1-PE。

（四）细胞悬液免疫荧光染色的质量控制

荧光染色试剂的纯度、浓度、温度、pH、固定剂对免疫荧光染色的影响，都是应该注意的。

七、思考题

1. 什么是流式细胞术，其分析、分选原理是什么？
2. 简述分析型、分选型流式细胞仪的应用。
3. 抗体的选择应该注意什么？
4. 怎样评价一个样品制备的优劣，具体指标有哪几项？
5. 流式细胞仪分析中前向散射光、侧向散射光和荧光有何检测意义？

（陈 枫）

实验二十三 免疫组织化学技术

一、实验目的

1. 掌握免疫组织化学技术的原理。
2. 了解免疫组织化学技术的各种方法。
3. 熟悉免疫组织化学常见问题的解决方法。

二、实验原理

用标记的特异性抗体对组织切片或细胞标本中某些化学成分的分布和含量进行组织和细胞原位定性、定位或定量研究，这种技术称为免疫组织化学（immunohistochemistry）技术或免疫细胞化学（immunocytochemistry）技术。

根据抗原抗体反应和化学显色原理，组织切片或细胞标本中的抗原先和一抗结合，再利用一抗与标记生物素、荧光素等二抗进行反应，前者再与标记辣根过氧化物酶（HRP）或碱性磷酸酶（AKP）等抗生物素（如链霉亲和素等）结合，最后通过呈色反应或荧光来显示细胞或组织中化学成分，在光学显微镜或荧光显微镜下可清晰看见细胞内发生的抗原抗体反应产物，从而能够在细胞爬片或组织切片上原位确定某些化学成分的分布和含量。按标记物质的种类，如荧光染料、放射性同位素、酶（主要有辣根过氧化物酶和碱性磷酸酶）、铁蛋白、胶体金等，可分为免疫荧光法、放射免疫法、免疫酶标法和免疫金银法等。按染色步骤可分为直接法（又称一步法）和间接法（二步法、三步法或多步法）。与直接法相比，间接法的灵敏度提高了许多。按结合方式可分为抗原-抗体结合，如过氧化物酶-抗过氧化物酶（PAP）法；亲和连接，如卵白素-生物素-过氧化物酶复合物（ABC）法、链霉菌抗生物素蛋白-过氧化物酶连结（SP）法等，其中 SP 法是比较常用的方法；聚合物链接，如即用型二步法，此方法尤其适合于内源性生物素含量高的组织抗原检测。

免疫组织化学所用标本主要为组织标本和细胞标本两大类，前者包括石蜡切片（病理切片和组织芯片）和冰冻切片，后者包括组织印片、细胞爬片和细胞涂片。其中石蜡切片是制作组织标本最常用、最基本的方法，对于组织形态保存好，且能作连续切片，有利于各种染色对照观察；还能长期存档，供回顾性研究；石蜡切片制作过程对组织内抗原暴露有一定的影响，但可进行抗原修复，是免疫组化中首选的组织标本制作方法。本章以石蜡切片标本为例，对 SABC 法和 SP 法进行介绍。

三、材料、试剂与仪器

PCNA、CD34 单克隆抗体（兔抗人）、兔二步法免疫组化试剂盒、孵育盒、Leica 切片机（RM2016）、37℃恒温孵箱（wk891）、OLYMPUS BX53 光学显微镜、电压力锅。

四、实验步骤

（一）PCNA SABC 法染色（图 23-1A）

（1）二甲苯Ⅰ15min；二甲苯Ⅱ15min；二甲苯Ⅲ15min；无水乙醇Ⅰ15min；无水乙醇Ⅱ15min；95%乙醇、90%乙醇、80%乙醇、70%乙醇各 10min；自来水充分水洗；蒸馏水洗两次，3min/次。

（2）将柠檬酸修复液置于高压锅中煮沸后，将切片完全浸没于修复液中，盖好锅盖，保压 3min；打开锅盖，自然冷却；PBS 洗 3 次，3min/次。

（3）滴加 3% H_2O_2 完全覆盖组织，37℃孵育 10min 以消除内源性过氧化物酶的影响，PBS 洗 3 次，3min/次。

（4）滴加封闭山羊血清，室温静置 30min，弃血清，擦干组织边缘，不水洗。

（5）滴加一抗并完全覆盖组织（稀释度均为 1∶100；以 PBS 代替一抗作为阴性对照），4℃过夜；PBS 洗 3 次，3min/次。

（6）滴加兔二抗（山羊抗兔 IgG 抗体-HRP 多聚体工作液）并完全覆盖组织，37℃孵育 30min，PBS 洗 3 次，3min/次。

（7）滴加 SABC 液，37℃孵育 15min，PBS 洗 3 次，3min/次。

（8）室温下 DAB 显色，镜下控制反应时间，自来水终止显色。

（9）自来水冲洗，苏木素复染细胞核，脱水，透明，中性树胶封片。

（二）CD34 SP 法染色（图 23-1B）

（1）二甲苯Ⅰ15min；二甲苯Ⅱ15min；二甲苯Ⅲ 15min；无水乙醇Ⅰ15min；无水乙醇Ⅱ15min；95%乙醇、90%乙醇、80%乙醇、70%乙醇各 10min；自来水充分水洗；蒸馏水洗两次，3min/次。

（2）将柠檬酸修复液置于高压锅中煮沸后，将切片完全浸没于修复液中，盖好锅盖，保压 3min；打开锅盖，自然冷却；PBS 洗 3 次，3min/次。

（3）滴加 3% H_2O_2 完全覆盖组织，37℃孵育 10min 以消除内源性过氧化物酶的影响，PBS 洗 3 次，3min/次。

（4）滴加一抗并完全覆盖组织（稀释度均为 1∶100；以 PBS 代替一抗作为阴性对照），4℃过夜；PBS 洗 3 次，3min/次。

（5）滴加兔二抗（山羊抗兔 IgG 抗体-HRP 多聚体工作液）并完全覆盖组织，37℃孵育 30min，PBS 洗 3 次，3min/次。

（6）室温下 DAB 显色，镜下控制反应时间，自来水终止显色。

（7）自来水冲洗，苏木素复染细胞核，脱水，透明，中性树胶封片。

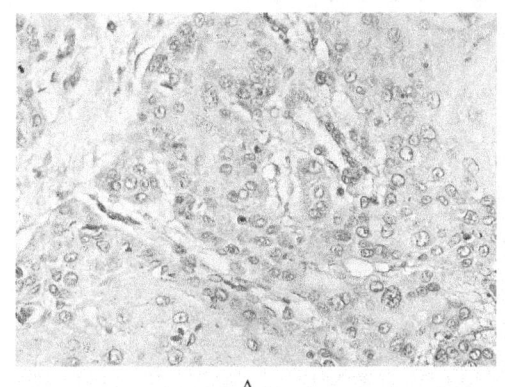 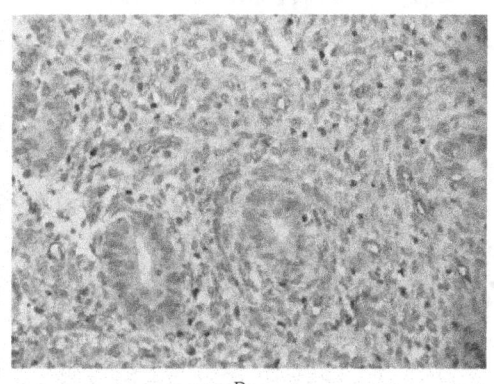

图 23-1　免疫组织化学染色（×200）

A. 食管癌组织，PCNA 主要表达于癌细胞细胞核；B. 子宫内膜组织，CD34 选择性表达于血管内皮细胞、造血干/祖细胞的细胞质中，阳性细胞可构成管腔样、成簇状或单个存在

五、注意事项

（1）为达到免疫组织化学技术的要求，组织固定越新鲜越好。离体的组织若不及时固定，组织就会自溶，抗原就会扩散，达不到免疫组织化学染色的要求，对于离体的组织应尽快进行固定，有条件的应将其剖开，早取材，早固定。

（2）组织脱水必须彻底、干净，切片必须完整、均匀、平展、无皱褶，切片的附贴必须牢固，必须使用合适的黏贴剂。切片必须烘烤附贴牢固，既要经得起抗原修复时高温的作用而不使轻易脱片，又不至于破坏抗原，60℃的恒温干燥箱中烘烤 2～5h 最为合适。切片脱蜡必须干净，否则将会影响免疫组化染色的最后结果。必须彻底抑制内源性过氧化物酶的活性，才能降低背景染色，须适当合理地使用封闭试剂。

(3) 抗体：通过预实验选择合适的抗体稀释度很重要。选择合适的孵育时间。连接抗体的选用必须正确，否则可造成假阴性现象。

(4) 非特异性着色的原因：抗体稀释度过高；抗体不纯或特异性不强；抗体本身特异性异常表达；抗体孵育时间过长或孵育温度过高；抗体修复不正确。

(5) 背景着色的原因：内源性过氧化物酶丰富，如肝；切片过程中干燥过度，特别是孵育过程中干燥；黏贴剂浓度过高；抗体浓度过高或过低；显色剂浓度过高或显色时间过长；缓冲液洗涤不充分；烤片温度过高或烤片时间过长；甲醛溶液固定时间过长。

(6) 假阴性的原因：固定时间过长，浸蜡、烤片温度过高导致抗原丢失，无法补救；固定液不合适，浓度不够，固定不佳；一抗或二抗没加或加错；抗体浓度过低，孵育时间太短或孵育温度过低，修复方法有误。

六、思考题

1. 简述免疫组织化学技术的原理。
2. 简述非特异性着色的原因及解决方法。

（李　燕）

实验二十四　TUNEL 法检测细胞凋亡

一、实验目的

掌握 TUNEL 法的原理。

二、实验原理

细胞凋亡中染色体 DNA 的断裂是一个渐进的、分阶段的过程，染色体 DNA 首先在内源性核酸水解酶的作用下降解为 50~300kb 的大片段。然后大约 30% 的染色体 DNA 在依赖 Ca^{2+} 和 Mg^{2+} 的核酸内切酶作用下，在核小体单位之间被随机切断，形成 180~200bp 核小体 DNA 多聚体。DNA 双链断裂或只要一条链上出现缺口而产生的一系列 DNA 的 3-OH 端可在脱氧核糖核苷酸末端转移酶（TdT）的作用下，将脱氧核糖核苷酸和荧光素、过氧化物酶、碱性磷酸化酶或生物素形成的衍生物标记到 DNA 的 3′端，从而可进行凋亡细胞的检测，这类方法一般称为脱氧核糖核苷酸末端转移酶介导的缺口末端标记法（TdT-mediated dUTP nick-end labeling，TUNEL）。由于正常的或正在增殖的细胞几乎没有 DNA 断裂，因而没有 3′-OH 形成，很少能够被染色。低分子量的 DNA 分离后，也可使用 DNA 聚合酶进行缺口翻译（nick translation），使低分子量的 DNA 标记或染色，然后分析凋亡细胞（图 24-1）。TUNEL 或缺口翻译法实际上是分子生物

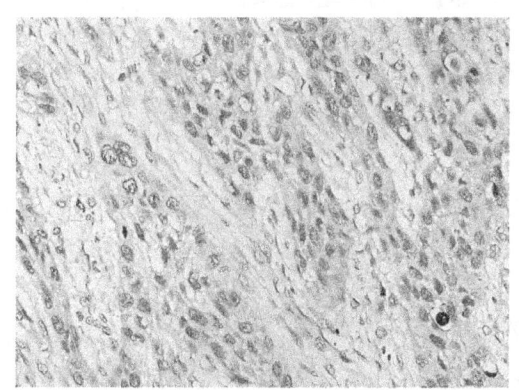

图 24-1　食管癌组织 TUNEL 染色结果（×200）

阳性细胞表现为细胞核出现浓缩碎裂状棕黄色颗粒

学与形态学相结合的研究方法，对完整的单个凋亡细胞核或凋亡小体进行原位染色，能准确反应细胞凋亡最典型的生物化学和形态特征，可用于石蜡包埋组织切片、冰冻组织切片、培养的细胞和从组织中分离的细胞凋亡测定，并可检测出极少量的凋亡细胞，灵敏度远比一般的组织化学和生物化学测定法要高，因而在细胞凋亡的研究中已被广泛采用。

三、材料、试剂与仪器

Leica 切片机（RM2016）、孵育盒、37℃恒温孵箱（wk891）、OLYMPUS BX53 光学显微镜。

四、实验步骤

（1）切片脱蜡至水后，自来水充分水洗，蒸馏水洗两次，2min/次。
（2）滴加蛋白酶 K（Proteinase K）工作液充分覆盖组织，37℃孵育 30min。
（3）PBS 洗 3 次，3min/次。
（4）配制 TUNEL 工作液（TdT 液与荧光素标记的 dUTP 液以 1∶9 配制混匀，现配现用），滴加适量 TUNEL 工作液充分覆盖组织（阳性对照加 DNase 充分覆盖，阴性对照加 dUTP 液），孵育盒中 37℃孵育 1h。
（5）PBS 洗 3 次，3min/次。
（6）滴加 Converter-POD 充分覆盖组织，孵育盒中 37℃孵育 30min。
（7）PBS 洗 3 次，3min/次。
（8）DAB 显色（现配现用），镜下观察，控制显色时间。
（9）流水洗涤终止显色，苏木素复染。
（10）梯度乙醇脱水、二甲苯透明、中性树胶封片。

五、注意事项

（1）在载玻片上的样本上滴加实验用反应液后，请盖上盖玻片或保鲜膜，或在孵育盒中进行，这样既可以使反应液均匀分布于样本整体，又可以防止反应液干燥造成实验失败。
（2）切片脱蜡必须干净。
（3）把握好细胞通透的时间。一般根据切片的厚薄，选择蛋白酶 K 的孵育时间。
（4）根据凋亡程度，可适当延长 TUNEL 反应液的时间。TUNEL 反应液临用前配制，短时间在冰上保存。不宜长期保存，长期保存会导酶失活。

（5）PBS 的充分清洗，PBS 清洗后，为了各种反应有效进行，请尽量除去 PBS 溶液后再进行下一步反应。

六、思考题

简述 TUNEL 法的原理。

（李 燕）

主要参考文献

陈志胜，计慧琴，王丙云. 2005. 冰冻和石蜡切片对 TUNEL 染色结果的影响. 中国病理生理杂志，21（9）：1801-1810.

谷志远，赵亚力. 2004. 现代医学分子生物学. 北京：人民军医出版社.

何维. 2010. 医学免疫学. 二版. 北京：人民卫生出版社.

黄留玉. 2011. PCR 最新技术原理、方法及应用. 二版. 北京：化学工业出版社.

马永平，易发平，等. 2003. 焦磷酸测序技术及其在分子生物学领域的应用. 国外医学分子生物学分册，25（2）：115-118.

司徒镇强，吴军正. 2007. 细胞培养. 北京：世界图书出版公司.

谭玉珍. 2010. 实用细胞培养技术. 北京：高等教育出版社.

王建中. 2005. 临床流式细胞分析. 上海：上海科学技术出版社.

王兰兰，许化溪. 2013. 临床免疫学检验. 五版. 北京：人民卫生出版社.

王书奎，周振英. 2004. 流式细胞术彩色图谱. 南京：第二军医大学出版社.

吴秉铨，刘彦仿. 2013. 免疫组化在病理诊断中的应用. 二版. 北京：北京科学技术出版社.

药立波. 2014. 医学分子生物学实验技术. 3 版. 北京：人民卫生出版社.

赵焕英，包金风. 2007. 实时荧光定量 PCR 技术的原理及其应用研究进展. 中国组织化学与细胞化学杂志，16（4）：492-497.

J. 萨姆布鲁克，D. W. 拉塞尔. 2005. 分子克隆实验指南. 三版. 黄培堂，等译. 北京：科学出版社.

M. R. Green，J. Sambrook. 2012. Molecular cloning：A Laboratory Manual（Fourth Edition）. New York：Cold Spring Harbor Laboratory Press.

R. G. King，P. M. Delaney. 1994. Confocal microscopy in pharmacological research. Trends in Pharmacol，Sci，15：275-279.

R. I. 费雷谢尼. 2014. 动物细胞培养-基本技术指南. 五版. 章静波，徐存拴，等译. 北京：科学出版社.